Anne-Laure Mahé
Pascale Marbot *aka* Pépée

S'ALIGNER AVEC LE MONDE

21 pratiques pour cultiver l'harmonie

Tana
éditions

À Marie LN ❤ et Clémence ❤.
À Paul Watson et Lamya Essemlali.

Anne-Laure Mahé

À ma fille Ilona qui me rend plus écologique chaque jour.
À ma merveilleuse Bambou, mon étoile Polaire.
À ma rencontre avec L.

Pépée

Sommaire

Les différentes pratiques

SOPHROLOGIE

La sophrologie est une discipline qui allie le corps et l'esprit et procure des bienfaits sur la santé physique et mentale. Elle active la confiance et les ressources de la personne qui la pratique. Elle comporte 12 degrés d'apprentissage, et beaucoup de techniques variées. Elle prend en compte les dimensions personnelle, relationnelle et spirituelle de l'être humain, tout en restant laïque.

AUTOHYPNOSE

L'autohypnose est un état modifié de conscience qui conduit à un état mental d'hypovigilance, et souvent de relaxation, dans lequel le sujet cesse de diriger volontairement le cours de ses pensées. Durant l'état hypnotique, le sujet reste conscient tout en étant particulièrement réceptif. La sensibilité à la suggestion et aux métaphores s'y trouve grandement amplifiée.

RELAXATION (aromathérapie, yoga nidra, sophrologie profonde)

La relaxation regroupe différentes manières de détendre en profondeur le corps et l'esprit. La relaxation énergétique par le reiki reprend la notion de centres d'énergie par lesquels entre dans le corps une énergie bienfaisante et universelle dont nous sommes tous canaux, bonne pour notre dimension personnelle et notre paix.

Le yoga nidra est une discipline issue de l'hindouisme, développée par le samnyāsin indien Swami Satyananda Saraswati. Le terme « nidrā » désigne « un état de conscience mi-endormi, mi-éveillé ». En se basant sur des exercices de rotation de l'esprit dans le corps, de respiration et de visualisation, il induit un état de relaxation profond. L'évocation de plantes et fleurs aromatiques permet d'éveiller les sens (visuel, olfactif, gustatif) et de s'immerger dans la nature à travers ce qu'elle a de plus bienfaisant (pouvoir guérisseur des plantes).

MÉDITATION

La méditation existe depuis des temps immémoriaux. Inscrite dans les religions, les philosophies de pensées spirituelles, les méthodes occidentales anti-stress, elle est une ancre dans le présent par laquelle l'esprit se met en paix et reconnaît son lien au vivant et à l'Univers.

DO-IN

Le « do-in » est un terme japonais qui désigne un ensemble de travail corporel physique et mental. Il s'agit d'un automassage permettant de réguler et de faire circuler l'énergie, le qi, dans l'ensemble du corps, à l'aide d'étirements, de mouvements, de tapotements, de frottements, de percussions et de respirations… qui permettent de lever les stagnations dans les zones congestionnées pour aller nourrir les zones affaiblies en qi.

ART-THÉRAPIE

L'art-thérapie est une approche thérapeutique qui utilise la création artistique comme moyen d'expression, d'élaboration et de transformation psychique. En art-thérapie, il y a plusieurs médiations utilisées : les arts plastiques (dessin, peinture, collage, modelage), l'écriture, la musique et les arts de la scène (théâtre, danse). Dans cet ouvrage, on parlera plus d'art comme outil récréatif que thérapeutique. La nature, quant à elle, offre un environnement calme et ressourçant permettant de nourrir la créativité et de favoriser la pleine conscience. La combinaison de ces deux approches offre un potentiel unique pour soutenir l'imaginaire.

PRATIQUES COMMUNAUTAIRES (Ho'oponopono, codéveloppement, pratiques issues du chamanisme au tambour)

Les pratiques communautaires chamaniques impliquent une relation au monde de l'invisible et à ses esprits soutenants, avec lesquels nous voyageons grâce au tambour ou aux plantes, pour mieux agir dans notre réalité, celle que nous partageons avec le vivant. Le codéveloppement est une méthode récente de discussion en groupe mobilisant l'entraide pour résoudre des problèmes ou faire grandir des projets.

Le Ho'oponopono est une pratique ancestrale de régulation de groupe fondée sur la reconnaissance de sa responsabilité dans les relations et actions, avec douceur et bienveillance.

Scannez ce QR code pour découvrir et suivre les enregistrements exclusifs de 10 séances proposées dans le livre.

Mot de passe d'accès : ECOLOGIEuniverselle2025

entraide
méthode personnelle
science du vivant
égalité des espèces
harmonie intérieure
paix - amour - respect
écologie

Introduction

Quand j'étais petite, je jouais beaucoup plus que je ne travaillais. Je courais, dansais, grimpais aux arbres, quand je n'avais pas à être statique à l'école. J'étais déjà imprégnée par l'économie solidaire ; je faisais du troc de jouets avec mes voisines… sans l'aval de mes parents, qui n'étaient pas tout à fait d'accord ! Je crapahutais dans les rochers avec mes deux petits-neveux pour observer, dans les petites piscines naturelles laissées par la marée, les mystères du vivant. Les marques ne m'intéressaient pas du tout : j'avais un nombre limité de vêtements, dont des pulls tricotés par ma tante et ma mère. Je parlais aux étoiles et aux arbres. Sans le savoir, j'étais écologique !

Une fois adulte, cela a pris la forme d'un engagement et d'une valeur. L'écologie est une philosophie, une pratique au quotidien, qui donne sens à ce que je vis et à comment je vis. Je ne suis pour autant pas exemplaire : je prends l'avion, mes douches sont trop chaudes et trop longues, et je porte des vêtements fabriqués en Chine.

Dans ce livre, nous nous intéresserons à l'écologie de soi. Celle qui passe par moi (vous, nous), dans toutes mes (vos, nos) dimensions et qui atteint le soi (une version supérieure du moi). Si l'on reprend l'idée de Carl Gustav Jung, « le soi » regroupe la conscience et l'âme, la psyché et la matière. Le soi comme la totalité de notre être.

Amies lectrices, amis lecteurs, comment qualifier l'écologie ? Comment décrire une écologie « holistique » ? L'holisme se définit comme « un système d'explication globale pour tout objet scientifique ». Comment évoquer l'écologie dans toutes ses dimensions, dans sa globalité ?

Observez les mots-clefs des chapitres de ce guide, et laissez surgir les associations d'idées. Vous pouvez même noter ce qui vous vient, pour enrichir votre réflexion au fil de la lecture. Que serait pour vous l'écologie de la personne ? L'écologie intérieure ? L'écologie relationnelle ? L'écologie sociétale ? L'écologie spirituelle ? L'écologie universelle ?

En sondant mon entourage sur ces sujets, j'ai obtenu des réponses variées et intéressantes ; elles relient toutes les formes d'écologie au même tronc, comme les branches d'un arbre. L'écologie serait :

- une science du vivant tournée vers la santé des écosystèmes ;
- une harmonie dans ce qui se passe à l'intérieur de soi, dans le respect de soi-même ;
- un engagement, voire un combat idéologique parfois, pour protéger son équilibre interne. Il ne peut exister qu'en relation avec l'extérieur, humain et non humain, visible et invisible ;
- une sorte de médecine personnelle pour mieux sentir son corps, ses émotions, son être, et prendre soin de soi.

On ne pourrait couper l'écologie d'une forme de politique, de la vie de la cité, puisqu'elle serait aussi entraide ; régulation de soi et relation à l'autre ; communication avec une parole juste et aimante ; lutte contre les discriminations ; égalité entre les espèces ; protection du vivant (notamment par les lois) via ce que nous achetons et consommons.

D'après les réponses reçues, l'écologie spirituelle passerait donc par la liberté intérieure, afin d'éviter toute dérive sectaire. Elle nous plongerait dans nos profondeurs et nous relierait directement à notre axe, notre verticalité. Elle supposerait également une transcendance énergétique, qu'elle soit divine ou spirituelle et laïque… Elle passerait enfin par la paix, l'amour : des notions universelles.

L'essentiel est que cette écologie spirituelle soit personnelle… Retour, donc, à la question de départ et à notre lien à la planète et au cosmos.

Et vous ? Que diriez-vous de votre écologie, à vous, au quotidien ? Comment décririez-vous votre vécu écologique ? Comment compléteriez-vous cet arbre ?

Dans ce livre, vous retrouverez de manière récurrente :

- La rubrique « Ça Minerve », par notre amie la chouette, celle qui veille et qui voit dans la nuit. Elle est la combattante idéologique de l'écologie holistique ; politique, sans être politicienne !
- Notre écologue qui présente et anime la rubrique « L'éco-pratique ». Elle propose de vivre l'écologie, en commençant par vous et en revenant toujours à vous ! Ses médiums sont :
  - la sophrologie (avec et sans mouvements) ;
  - l'autohypnose ;
  - la méditation (zen, marchée, ou de pleine conscience) ;

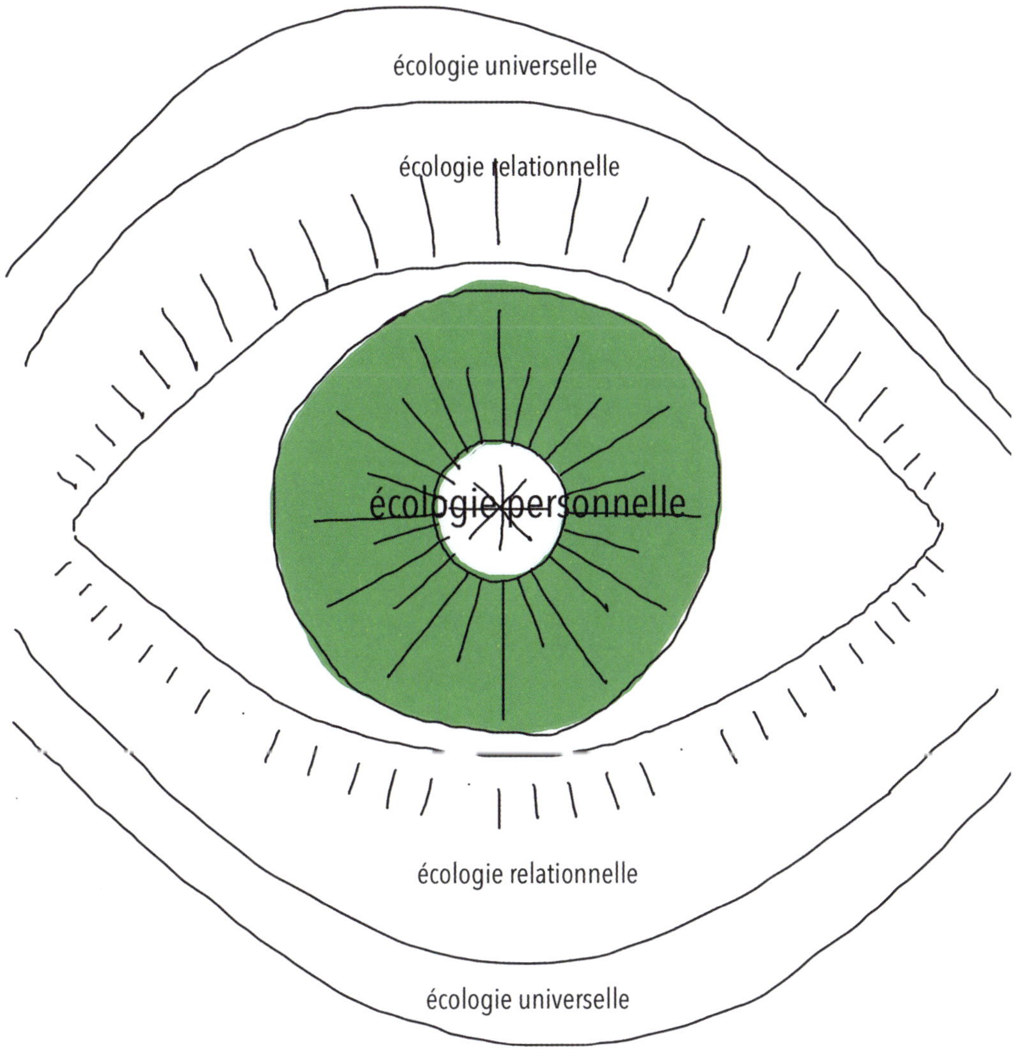

pour une écologie intégrale

– la relaxation (aromatique, yogique, avec do-in, ou reiki) ;

Et les pratiques :

– artistiques (issues de l'art-thérapie, du dessin, de la danse, du chant) ;
– communautaires (« Ho'oponopono », « codev écolo », chamanisme…), avec comme point commun l'intériorité et le traitement écologique de soi et de l'autre.

• Nos références à des écologues ou écologistes majeurs qui offrent un panel de réflexions intéressantes sur notre alignement entre notre intériorité et nos actes ;

• La rubrique « C'est du vécu ! », avec les témoignages de cette écologie holistique, récoltés au fil de l'écriture.

Merci à vous d'ouvrir ces pages. Merci à vous d'avoir acheté un livre conçu et imprimé écologiquement. La gratitude est intrinsèque aux relations écologiques.

À la fin de chaque partie, vous pourrez poursuivre votre réflexion par un « bilan carbone » de votre écologie personnelle, relationnelle et spirituelle après les sept pratiques proposées.

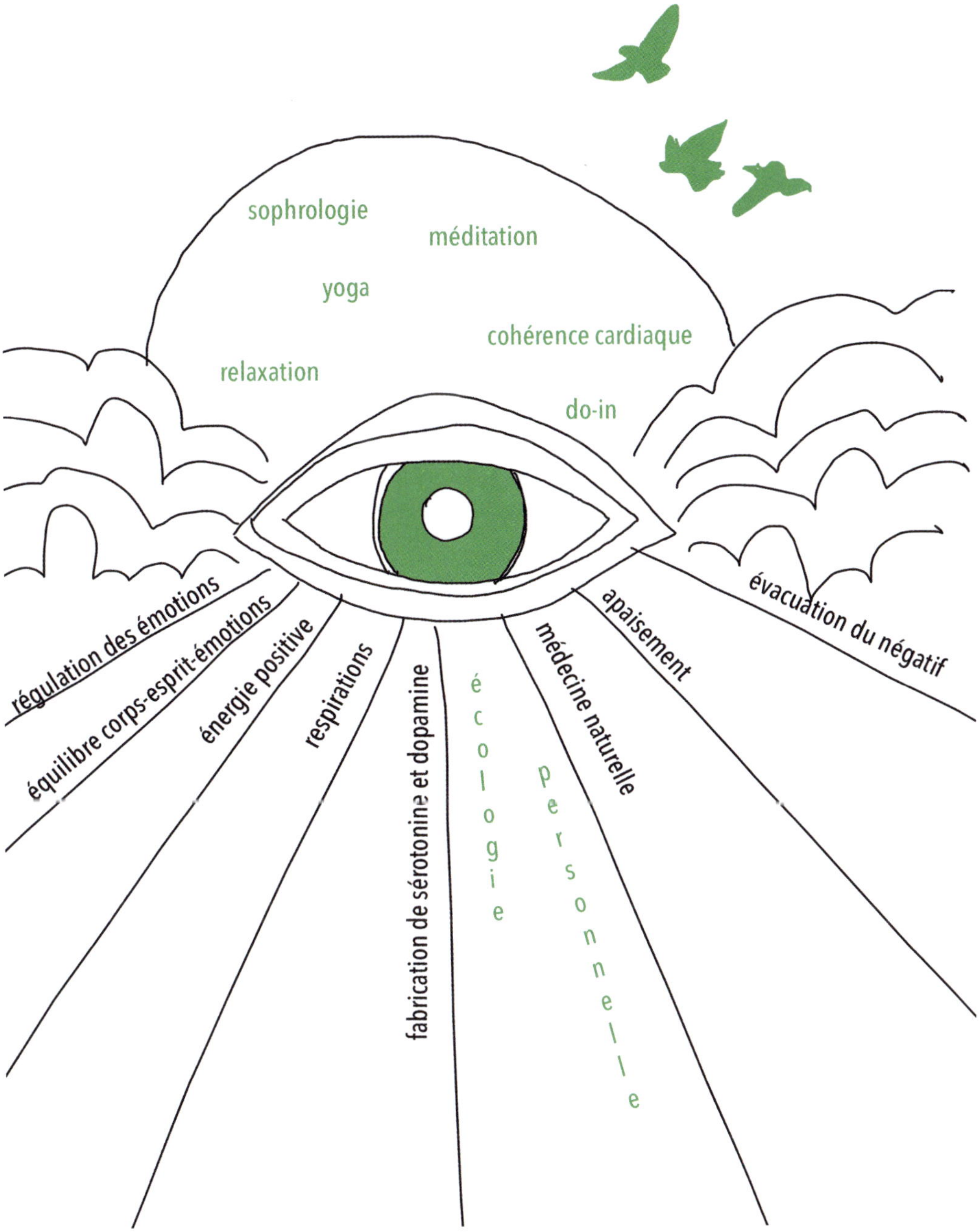
sophrologie
méditation
yoga
cohérence cardiaque
relaxation
do-in
régulation des émotions
équilibre corps-esprit-émotions
énergie positive
respirations
fabrication de sérotonine et dopamine
écologie
personnelle
médecine naturelle
apaisement
évacuation du négatif

PARTIE 1

Mon écologie corps-cœur-esprit : une écologie personnelle

Nous allons parler ici d'écologie holistique, appliquée aux êtres humains. Considérons donc nos composantes physiques, psychiques, émotionnelles, mentales conjointement. L'holisme est la théorie selon laquelle l'être humain est un tout indivisible. Le terme a été au départ utilisé en biologie pour expliquer que notre organisme tendrait à se transcender, donc à innover… Alors pourquoi pas une écologie holistique personnelle, afin de nous occuper de nous-même écologiquement, dans une « évolution créatrice » de santé et de bien-être ? C'est le programme des sept chapitres qui suivent.

Il ne s'agit pas de promouvoir de nouvelles techniques de développement personnel pour nous faire croire (comme s'y emploie l'industrie du bien-être) que si nous prenons soin de nous, si nous maîtrisons nos émotions, le monde sera écologique. Ce serait une forme de *greenwashing*. Ce guide ne veut pas être la caution des politiques actuelles qui oublient trop souvent l'écologie, ou qui défendent l'idée qu'elle ne repose que sur l'individu.

Nous proposons une réflexion écologiste et écologue, assortie de pratiques usuelles pour le quotidien, à lire et à écouter. Le but ? Agir sur les injonctions normatives de notre monde occidental à « performer », « positiver », être beau et en pleine forme… Agir également sur l'éco-anxiété suscitée par la mauvaise santé de la planète.

À la question : « Que faire ? », répondons déjà par la protection de la nature qui est en nous et par la préservation de notre biosphère.

CHAPITRE 1

L'écologie intérieure par la respiration et la conscience corporelle de mes pollutions

Ça Minerve

Qu'on évoque les grandes traditions de pensée orientales, les religions millénaires (comme le bouddhisme ou l'hindouisme), la spiritualité du yoga ascétique ou tantrique ou les pratiques occidentales inspirées par l'Orient au xxe siècle (yoga postural moderne, sophrologie, cohérence cardiaque, respirations avec grande ventilation, etc.), la respiration est un outil écologique de relation à soi, en lien avec l'Univers.

Ne suffit-il pas de marcher par jour de grand vent pour sentir la force du souffle ? Nous apprécions le vent qui se lève avant l'orage quand il fait trop chaud. Les humains, vous dites d'ailleurs « prendre un bon bol d'air » ! La sensation du souffle de la vie est alors flagrante, parce que la respiration est évidente, les bouffées d'air vivifiantes et très perceptibles !

On connaît aussi l'engouement pour le yoga. Son côté psychologisant et proche de la culture physique chez les Occidentaux pourrait Minerver… Néanmoins, le « prāṇāyāma », la discipline du souffle, offre une vision spirituelle de l'air intéressante. Ce n'est pas seulement respirer en conscience, c'est absorber cette énergie de l'univers, vitale et universelle, rien qu'en respirant. Nous sommes déjà dans du personnel, du relationnel, du spirituel.

Si l'on commence à évoquer l'écologie personnelle de l'être humain par la préservation, la restauration ou le maintien de son équilibre interne, les grandes respirations (avec rétention d'air et expulsion active) de la sophrologie, et les respirations rythmées (comme celles de la cohérence cardiaque) sont les alliées occidentales de cette respiration universelle et vitale.

Alors bien sûr, nous respirons sans avoir besoin de le commander… Mais respirer sous la forme d'une pratique sophrologique, méditative ou yogique, met de la conscience à cet endroit. Sentir le passage de l'air à l'intérieur de soi comme une énergie, évacuer du CO_2 utile à d'autres êtres vivants… c'est habiter son corps. Et notre façon d'habiter notre corps, c'est notre manière d'habiter la planète.

Nous vivons dans notre corps ; il est relié à celui des autres, et à toute la chaîne du vivant. Nous portons en nous les acides aminés des étoiles et toute l'évolution présente dans nos cellules jusqu'à aujourd'hui. Nous avons également en nous le potentiel de demain, nous le verrons dans les parties 2 et 3.

Être en relation consciente avec son corps, ce n'est pas du narcissisme… si le but n'est pas d'en faire une vitrine ! Et ça, ça peut Minerver… Quand je pense aux pratiques de yoga, sophro, méditation, exploitées de manière consumériste pour avoir un corps conforme aux diktats de la société… On ne fait pourtant pas du yoga pour maigrir, ni de la respiration active pour muscler ses abdos !

C'est en cela que toute écologie est liberté de soi. En tant qu'activiste de l'écologie personnelle, j'affirme qu'elle ne sert pas à alimenter les clichés d'un corps parfait, ou d'une vie sous contrôle !

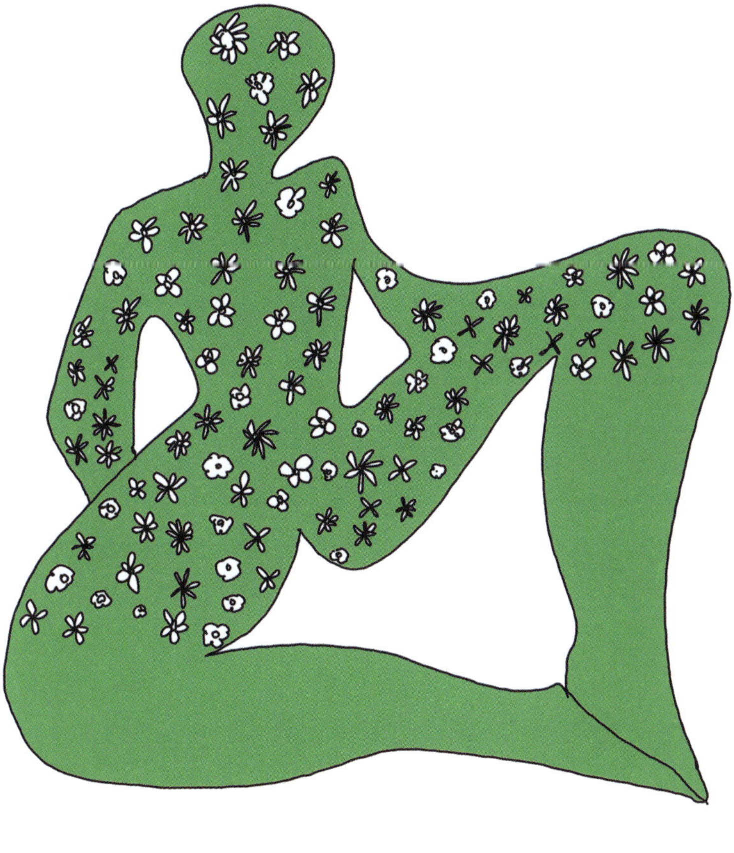

Éco-pratique

Aujourd'hui nous allons pratiquer ensemble la sophrologie, dans cette séance intitulée « le foyer intérieur ».

On pourrait dire, de façon métaphorique, que notre corps est un éco-habitat à plusieurs étages. Le mot écologie est né en 1866 des deux racines grecques « oikos » et « logos ». Qu'est-ce que cela signifie, à l'origine ? Science de l'habitat ! Représenter le corps humain par une maison est courant, depuis l'Antiquité. Dans une encyclopédie hébraïque citée et exposée par Jung dans *L'Homme et ses symboles*, un dessin compare le corps à une maison à étages avec tourelles.

Si l'on reprend ce symbole du foyer intérieur, en sophrologie, nous allons venir nettoyer aujourd'hui un immeuble de cinq étages !

Le premier étage est celui de l'esprit et des organes sensoriels : la tête. Le deuxième, celui de l'expression, de la relation et de la régulation thyroïdienne : le cou, les épaules, les bras, les mains, les doigts. Le troisième, le thorax, est l'étage du cœur et de la respiration. L'étage du traitement des informations est le quatrième : le ventre avec l'estomac, les intestins et tous les autres organes de la digestion. Vient enfin l'étage des fondations et de la chaufferie : l'appareil locomoteur et le bassin.

Quand on aère sa maison, on ouvre grand les fenêtres, on chasse les pollutions, on fait rentrer de l'air frais, de l'énergie, et on laisse partir ce dont il faut se purifier. Aujourd'hui, nous allons faire un grand ménage de printemps et bien aérer notre foyer intérieur par des respirations puissantes.

Notre corps est un axe entre la terre et le ciel. Pour une vie écologique, nous avons besoin de lui, de sentir la terre et de commencer par l'harmonie entre esprit et matière. Quant à notre conscience, elle est toujours reliée à notre corps et notre esprit en est indissociable, n'en déplaise à monsieur Descartes !

PRATIQUE SOPHRO DU FOYER INTÉRIEUR

Pour votre séance de conscience corporelle et de grande respiration, installez-vous de façon confortable et agréable dans une position qui respecte votre corps, en contact avec la matière du sol si cela vous est possible. Si vous êtes dans une situation de handicap physique ou que votre corps est contraint, essayez de vous détendre, de la manière qui est possible pour vous. Vous pouvez fermer vos yeux, sans y être obligé(e). On peut faire toute pratique les yeux ouverts.

Les respirations ont toujours lieu de la même façon :

1. Vous soufflez par la bouche.
2. Vous inspirez par le nez.
3. Vous retenez l'air.
4. Vous soufflez fort par la bouche.

C'est un canevas. Là encore, adaptez ces étapes à vos possibilités respiratoires.

Posez maintenant vos mains sur votre nombril ou sur une autre partie de votre corps. Si vous en ressentez le besoin, fermez les yeux pour mieux «sentir» votre corps ou certaines de ses parties. Si vous ne «sentez» pas votre corps, aucun problème; laissez les mains sur votre ventre ou ailleurs, et suivez votre rythme respiratoire.

En posant votre attention sur votre respiration, vous laissez d'abord l'air sortir par la bouche, puis entrer par le nez. Vous retenez ensuite l'air, puis le laissez sortir par la bouche. Une fois que vous connaissez le mouvement, ajoutez-y l'intention d'aérer votre maison.

1. Vous soufflez, puis, à l'inspir, vous laissez entrer l'air, l'énergie, dans votre maison corporelle.
2. Vous retenez l'air et ressentez la présence de votre maison à tous les étages.
3. À l'expir, vous chassez toutes les pollutions, de l'intérieur de votre maison vers l'extérieur.

Maintenant que votre attention est plus soutenue, vous pouvez mettre une intention, pour vous libérer davantage du négatif ou des tensions qui habitent votre corps.

1. Vous soufflez, vous inspirez en laissant entrer l'air et l'énergie dans votre maison.
2. Vous retenez l'air et vous localisez les pièces de votre maison corporelle qui ont besoin d'une bonne évacuation.

l'esprit
l'expression et la relation
le cœur et
la respiration
l'information
les fondations

3. À l'expiration, vous évacuez toutes les tensions inutiles de votre maison.

Nous allons terminer cette pratique par l'aération de chaque étage.

1. Vous posez les mains sur votre front. Vous soufflez, inspirez, retenez l'air, localisez les tensions du premier étage. Celui de la tête peut être encombré par des pensées, des crispations, des douleurs crâniennes, visuelles ou auditives. À l'expir, vous évacuez.
2. Vous posez les mains sur le devant de votre gorge. Vous êtes à l'étage de la gorge, de la thyroïde, des cordes vocales, de la trachée, des épaules, des trapèzes, des bras, des mains et des doigts. Vous soufflez, vous inspirez, et retenez l'air. Vous ressentez les tensions des muscles, des articulations, le poids sur les épaules, ce qui peut obstruer la gorge, gêner la respiration ou les cordes vocales. À l'expir, vous évacuez toutes les sensations négatives.
3. Vous posez maintenant les mains au milieu de la poitrine, à l'étage du cœur, du thymus, des poumons. Vous soufflez. À l'inspir, vous laissez entrer beaucoup d'air dans vos poumons, puis retenez votre souffle. Sentez ce qui pèse dans cet étage de votre maison. Vous soufflez, puis évacuez ensuite. Faites-le une deuxième fois.
4. Posez les mains sur votre ventre. Vous soufflez, vous inspirez, vous retenez l'air. Sentez cet espace digestif, l'espace du traitement des informations, qu'elles viennent des aliments, des émotions ou des événements. Soufflez pour évacuer toutes les tensions abdominales.
5. Vous posez les mains au niveau de votre ceinture, pour sentir votre bassin, vos jambes et vos pieds, autrement dit les fondations de votre maison, et son ancrage dans la terre. Les fondations sont toujours très importantes à soutenir pour éviter trop de déstabilisation. Vous soufflez par la bouche, vous inspirez, retenez l'air, vous ressentez votre base. À l'expir, soufflez et évacuez toutes les tensions, les déstabilisations. Vous détendez les jambes et les pieds.
6. Pour finir, vos mains viennent se poser sur votre ventre. Vous ressentez tout votre corps, vous soufflez par la bouche, vous inspirez profondément, vous retenez l'air. Vous ressentez votre corps tout entier et évacuez les tensions.

Il n'y a plus rien à faire ! Juste se relaxer et apprécier le grand ménage de printemps qui vient d'être fait grâce à la bonne aération de votre maison corporelle ! Cela vous permet de vous sentir bien chez vous… et chez vous c'est déjà à l'intérieur de votre corps. Où que vous viviez sur la planète, c'est dans votre corps que cela se passe. Votre être est le reflet de l'harmonie entre vous et l'extérieur.

Votre écologie intérieure est donc la plus petite matriochka de l'écologie tout court.

En vous occupant bien de vous, vous vous occupez des autres, du vivant, de la planète. Nous pouvons toujours faire de notre corps un écohabitat pour nos cellules, nos tissus, nos émotions, nos pensées, notre âme.

C'est du vécu !

« Très admirative des livres de Christiane Singer, je suis d'accord avec ses critiques sur la télévision, et sur l'abêtissement qu'elle cause. J'y pense quand, le soir, j'ai pourtant donné à voir ou à entendre à mon cerveau une série anxiogène, ou une émission stupide ! Je sais que ce n'est pas du tout écologique ; je vais m'endormir sur ces bêtises, dans un climat de peur. Il m'arrive pourtant de le faire, parfois… Heureusement, j'ai des techniques, notamment de respiration, pour m'en sortir. Quelle que soit la qualité de ma soirée (et, vous l'avez compris, je suis la première à ne pas toujours tenir en haute estime ce que je regarde !), je pratique, avant de m'endormir, de grandes respirations qui libèrent mon esprit et mon corps des tensions et des pollutions absorbées par la vue et l'ouïe. Cela me permet de respecter mon sommeil, et celui de la personne qui partage ma vie. J'accompagne souvent ces respirations de la pratique écologique sur le positif (voir chapitre 2). *Le sommeil est l'un des premiers besoins, avec l'eau et l'alimentation. Le respecter me semble essentiel. Comment pourrais-je honorer les besoins des autres et de la planète si je ne fais pas attention aux miens ? »*

« DO-IN » HAUT DU CORPS

- Prenez conscience de votre corps par le toucher, vecteur de sécurité et de bien-être.

- Installez-vous en « seiza » – c'est-à-dire sur vos genoux, talons ouverts, les gros doigts de pied croisés, genoux plus ou moins écartés. Commencez par prendre conscience de l'ensemble de votre corps.

- Portez les mains sur votre visage, puis sur votre cou. Prenez conscience de votre front, de vos paupières, de vos joues, de votre menton. Sentez sous vos doigts la texture de votre peau. Passez vos paumes sur votre cou, l'une après l'autre, doucement.

- Tapotez doucement votre tête avec vos mains, comme si chaque doigt était une goutte d'eau de pluie. Pressez votre nuque avec une main, puis l'autre. Détendez-la.

- Avec votre main gauche, venez tapoter votre épaule droite plusieurs fois, puis massez-la pour supprimer les tensions et blocages. Malaxez bien vos trapèzes, l'un après l'autre. Tapotez ensuite votre bras droit avec votre main gauche, en descendant à l'intérieur du bras puis en remontant à l'extérieur du bras. Faites cela plusieurs fois.

- Avec votre main gauche, tirez chaque doigt comme avec un tire-bouchon, en commençant par le pouce et en finissant avec le petit doigt. Massez ensuite avec votre pouce gauche le centre de votre main droite. Faites ensuite la même chose sur l'autre bras, et l'autre main. Quand c'est fait, mettez une main sur l'autre et faites, plusieurs fois, de grands cercles sur votre ventre en suivant le sens de la digestion.

- Passez au dos. À l'aide de vos poings, tapotez doucement le bas de votre dos en faisant des petites percussions douces.

- Sentez à présent tout le haut de votre corps, vivant.

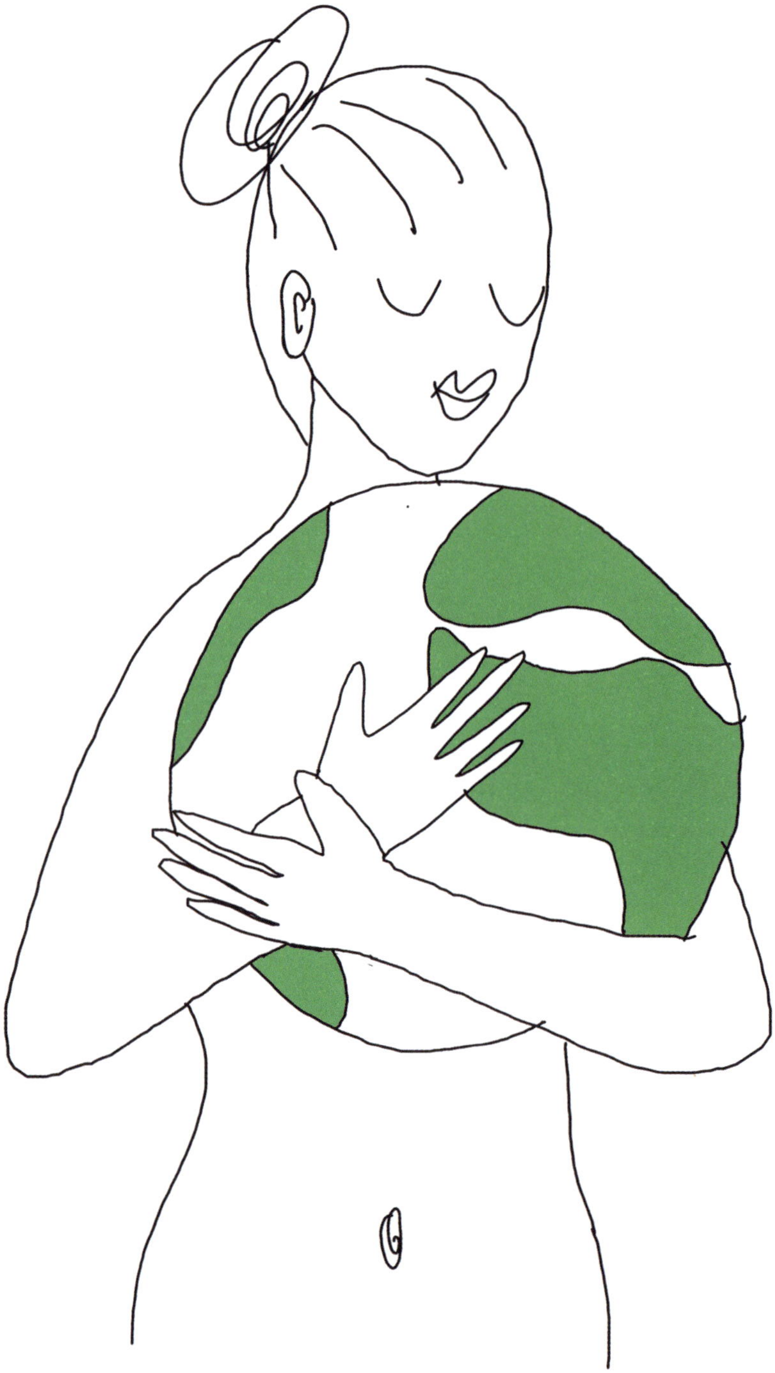

Comme le dit Thich Nhat Hanh,
maître zen vietnamien,

« la paix dans l'assise, la joie dans la respiration. C'est un art[1]. »

Notre façon d'habiter notre corps est notre façon d'habiter la planète. J'aère ma maison corporelle par de grandes ouvertures. Je crée les bases de mon écologie personnelle.

CHAPITRE 2

Le positif à la place de mes pensées négatives polluantes

Ça Minerve

On parle souvent de «contamination émotionnelle». Le terme est fort et connoté; il évoque la propagation de certaines émotions dites «négatives» d'un être vers un autre. L'idéologie selon laquelle il faudrait se protéger les uns les autres de nos émotions, parce que le positif serait une loi absolue et le négatif à bannir, ça pourrait Minerver! Cela s'oppose à la vie!

À chacun son positif et son négatif; à chacun de travailler sur ce qui lui est négatif, à l'intérieur de soi, sans penser l'autre comme une charge virale ambulante. On passe, sinon, dans le dogmatisme, en s'appuyant sur des pensées sectaires qui nous coupent du monde. Sans parler de la «positive attitude» bien-pensante qui décrète que le bonheur est la valeur de référence de nos vies!

Pour être écologique vis-à-vis de nous-même, respectons d'abord notre positif et notre négatif sans les juger ni les condamner. Bien sûr, nous pouvons agir dessus, afin de ne pas tomber dans la plainte et la mésestime qui nous feraient du mal. De nombreuses pratiques s'apparentent à la méthode Coué ou stimulent la connexion à notre subconscient par l'hypnose – c'est le cas de certains exercices de reiki. Essayons de ne pas subir ce qui nous limite ou nous conditionne. Quand je vous dis que l'écologie, c'est la liberté! Il serait aussi absurde de vouloir tout «optimiser» que de tout voir en noir.

Pourquoi travailler sur nos perceptions positives? Mais pour être libre et clairvoyant, comme une chouette, pardi! Tu connais le mythe de la caverne de Platon? Nos perceptions sont parfois trompeuses ou limitées. Quand elles sont négatives, elles ont tendance à immobiliser corps et esprit, à nous paralyser dans des idées fausses.

Vois comment nous résistons parfois à des changements salutaires... Pour une vie écologique, nous avons besoin d'imaginer le possible. De nous rêver! De quitter l'éco-anxiété, pour être libre et mener les actions que l'on souhaite.

C'est du vécu !

« Cette pratique favorise en moi un bon climat intérieur. J'accueille après la pratique ma météo; je ne la commente pas. Je me demande : "Quel est mon ressenti et comment puis-je le traduire spontanément en termes météorologiques ?" J'accueille les arc-en-ciel, car je peux être pluie ET soleil.

À ainsi traduire mon positif et mon négatif en termes de météo, je suis en lien avec les nuages, le soleil, la pluie, les orages, la neige, le vent, le temps qu'il fait... Je garde ainsi le lien toujours actif entre l'extérieur et l'intérieur.

Il arrive que mon petit singe du mental me crée des doutes ou me fasse repartir dans le commentaire négatif. Il est parfois très bavard ! C'est la raison pour laquelle je n'engage aucune discussion sur l'analyse d'un contenu après une séance sophrologique. Pour rester au maximum dans le ressenti. »

Éco-pratique

Aujourd'hui, je vous propose une nouvelle séance de sophrologie centrée sur notre « positif personnel ».

Vous l'avez sans doute remarqué : notre cerveau est difficilement dans le moment présent. Nous allons utiliser aujourd'hui sa propension à aller vers le passé ou le futur.

Vous allez tourner votre regard vers ce qui est positif pour vous et mobiliser cela comme ressource, au service de votre écologie personnelle et de votre vie en général. « Tout, vraiment tout, est relié à tout. » Ce ne sont pas les propos d'un maître zen mais d'un physicien ! Ce que nous modifions à l'intérieur a des répercussions à l'extérieur. Aussi pouvons-nous changer nos potentiels perturbateurs en stimulant notre champ de pensée et d'action créatrice !

PRATIQUE DU POSITIF

Quelques explications sur la pratique avant de commencer. Vous allez prendre appui sur un souvenir positif pour renforcer votre bien-être dans le présent, grâce à cette réminiscence heureuse. Il ne s'agit pas d'enjoliver votre passé, car vous y avez peut-être vécu des traumatismes, mais de porter l'attention sur les petites choses positives du quotidien, dont regorge chacune de nos vies et que nous oublions parfois. Une fois en contact avec ce souvenir, vous le mobiliserez comme support. Nous ferons ensuite la même chose pour le futur, en ne cherchant jamais à faire abstraction de ce qui peut être difficile; nous attirerons simplement notre attention sur ce qui est confortable et agréable, selon un principe de réalité qui implique en même temps souffrance et bonheur. En revenant dans le présent, vous sentirez dans votre corps une ressource très importante : cette capacité à utiliser le positif comme médium du corps et de l'esprit, afin de vivre plus écologiquement avec vous-mêmes et les autres.

- Installez-vous en position sophrologique d'éveil. Gardez un contact avec le sol. Votre dos est relativement redressé et la tête est dans l'alignement de la colonne, le menton légèrement penché vers l'avant, la langue placée sur le palais. Posez vos mains sur vos cuisses. Évidemment, adaptez votre posture à vos possibles, dans une non-violence absolue avec vous-même. C'est la base de l'écologie personnelle de ne pas se faire la guerre.

- La première pratique (voir chapitre 1) consistait à libérer votre maison corporelle de ses pollutions et tensions, pour vivre votre journée dans un écohabitat. Vous allez maintenant mobiliser vos perceptions positives. Votre positif vous est propre, il n'appartient à personne d'autre. Il ne requiert aucune exigence, ne répond à aucun cliché : il peut être tout simple et tout ordinaire, pourvu qu'il soit paisible, relaxant et agréable pour vous.

- Je vous demande de fermer maintenant les yeux. Laissez d'abord venir à votre esprit un souvenir positif, qu'il soit récent ou qu'il provienne de votre enfance. Il peut se présenter sous forme d'images, de ressentis ou d'évocations. Sans essayer d'être performante ou performant, laissez donc remonter à la surface de votre conscience un bon souvenir de votre vie.

- Prenez votre temps ; rien ne presse. Si plusieurs souvenirs se présentent, choisissez-en un seul.

- Levez ensuite l'un de vos bras et votre main vers le ciel puis descendez-les tout doucement, le temps de renforcer les images de ce souvenir dans votre conscience. Si vous ne pouvez pas bouger, imaginez le mouvement. Assurez-vous que ce souvenir positif n'a aucune ambivalence. Fiez-vous à votre ressenti : il doit être confortable et vous donner le sourire.

- Restez en contact avec ce souvenir ; essayez d'en vivre les détails. Si aucun souvenir n'apparaît, laissez venir une situation de votre présent que vous avez trouvée agréable. Une fois en contact avec ce contenu positif, inspirez-le comme on inspire l'air et l'énergie. À l'expiration, envoyez-le dans votre corps, avec l'intention de remplir de positif votre être tout entier.

- Respirez profondément, plusieurs fois. Parfait, très bien.

- Rangez maintenant ce souvenir dans votre bibliothèque des contenus positifs de votre vie. Respirez. Revenez dans le présent. Respirez.

- Projetez-vous maintenant dans le futur, à la rencontre d'une situation très agréable et confortable pour vous, dans laquelle vous allez vivre du positif. Cela peut se passer juste après la séance comme beaucoup plus tard. Laissez venir. S'il vous est difficile de vous projeter positivement, prenez une situation très simple de votre quotidien, agréable : boire un thé par exemple.

- Laissez venir cette situation, avec des images ou sans, peut-être sous la forme d'une pensée ou d'un ressenti, sans pression de réussite. Il s'agit seulement d'une proposition, et c'est déjà très puissant pour votre cerveau.

- Une fois que vous avez ce contenu, levez le bras, puis descendez-le tout doucement pour augmenter la fixation de votre conscience et de votre concentration sur ce contenu. Respirez.

- Inspirez le positif. Envoyez ce positif à l'expir dans votre corps comme une lumière ou une couleur qui viendrait remplir un tableau. Rangez maintenant ce contenu dans votre bibliothèque du positif et revenez dans le présent.

- Respirez, vous êtes rasséréné(e) par ce positif passé et futur, activé pour vos ressources de bien-être et d'écologie personnelle dans votre présent.

- Vous êtes prête et prêt à passer une bonne journée puis une bonne nuit, ou selon l'heure de votre pratique, une bonne nuit puis une bonne journée.

Le positif est une ressource écologique pour mon présent. Je favorise en moi un bon climat en activant le positif. Comme l'écrit Sandra Ingerman, psychologue et enseignante chamanique,

«jusqu'à ce que nous apprenions à remplir notre environnement d'amour, nous devons utiliser notre intention et notre concentration pour transmuter l'énergie existante en énergie neutre ou en énergie d'amour [...]. L'harmonie à l'intérieur de soi crée l'harmonie à l'extérieur[2].»

CHAPITRE 3

Prendre soin de mon écosystème

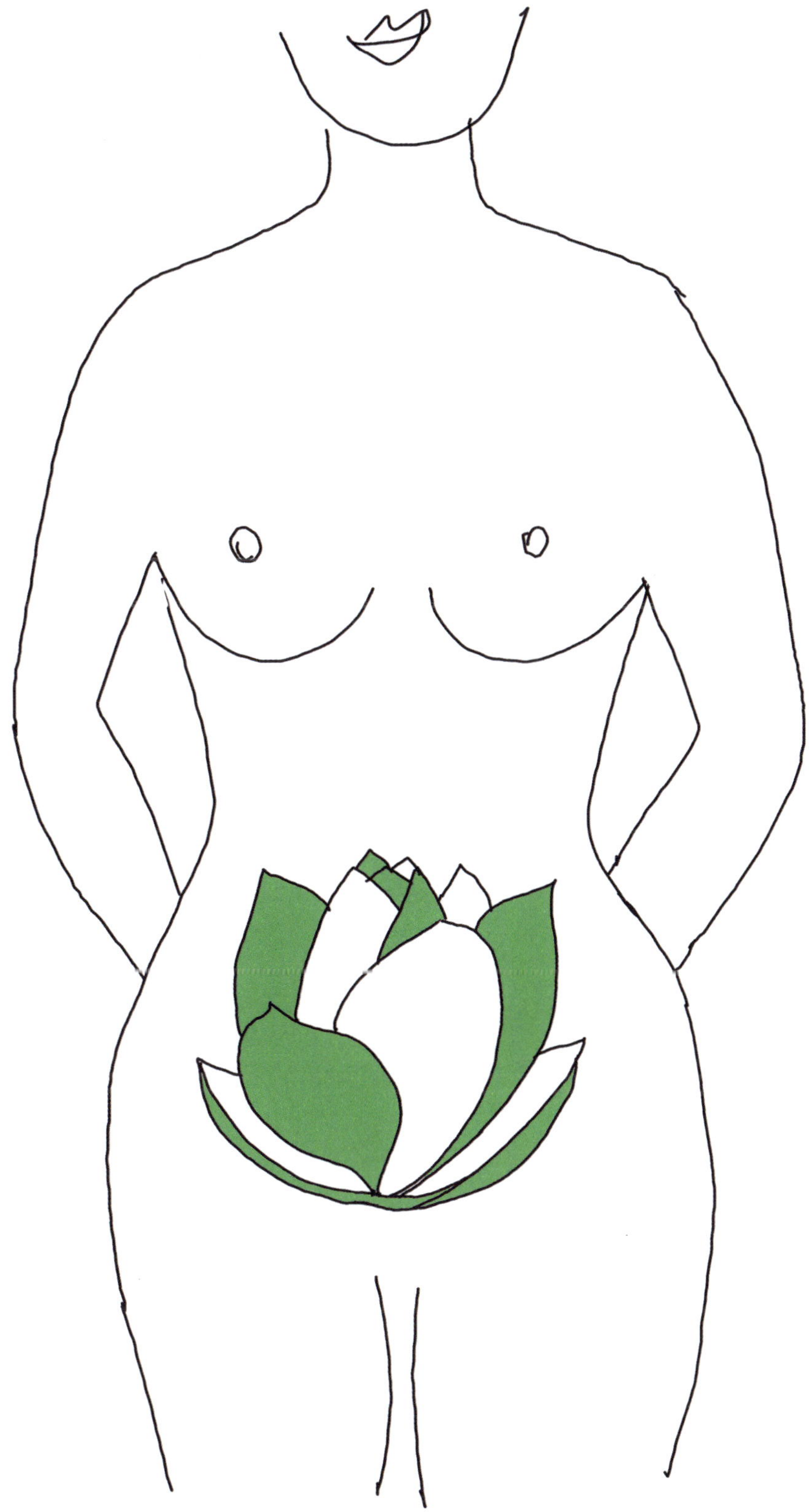

Ça Minerve

Se centrer sur son ventre n'est pas nombriliste ! Le deuxième cerveau des humains contient des milliers de neurones ; c'est aussi une vraie usine à transformation. Si l'on veut prendre soin de ce que l'on absorbe, garde et rejette, et donc traiter avec bienveillance l'écosystème interne, il est essentiel de bien soigner son usine centrale.

La sécrétion de sérotonine (l'hormone qui régule bien-être et humeurs) se fait essentiellement par la relaxation interne ventrale. Les entrées et les sorties énergétiques du corps passent par l'appareil digestif. Notre épithélium intestinal est sensible à ce qui passe par cette zone. Quand on dit que c'est une zone digestive, c'est donc également vrai au sens figuré. On y digère toutes les informations, et notamment les émotions. Les désordres du ventre entraînent de l'anxiété et du mal-être… et réciproquement.

En revanche, on s'en fiche complètement d'avoir le ventre plat ! Cette injonction Minerve fortement ! Ce diktat entraîne désordre intérieur, mésestime, commentaires. Il standardise les corps et les êtres, leur impose des normes. Or, pratiquer l'écologie personnelle, c'est être d'abord en paix avec soi afin de diffuser la paix à l'extérieur.

Avoir le ventre détendu, soigner son épithélium gastrique, intestinal, prendre soin de son alimentation, de ses émotions et de ses temps de repos semblent essentiels pour une vie écologique intime et relationnelle. Quand on libère cette zone émotionnelle qu'est le ventre, on se sent bien et en sécurité, donc mieux avec les autres. Très loin d'une pratique de gym pour réduire la graisse abdominale !

Chacun et chacune fait partie d'un grand Tout, si l'on se réfère à la philosophie indienne, aux textes bouddhiques, aux traditions chamaniques et animistes, mais aussi à l'astronomie, à la science, à l'histoire, à la philosophie du vivant. Prendre soin du microcosme, c'est prendre soin du macrocosme.

Nous sommes toutes et tous interdépendants. Commencer par son écosystème intérieur est déjà un défi. Mettons de la lumière sur ce qui passe par nous ! Ayons un œil de chouette ! Et de l'amour, toujours de l'amour, pour les autres, et pour soi.

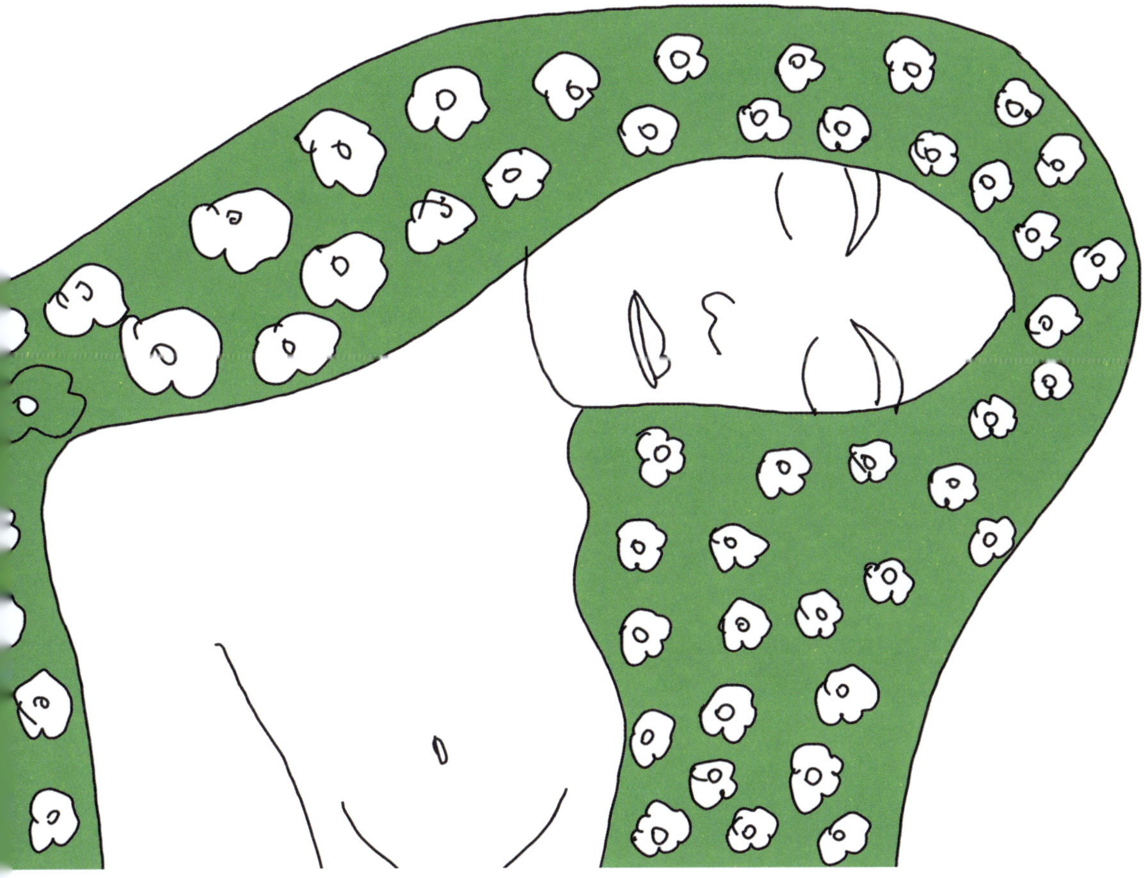

Éco-pratique

Aujourd'hui, je vous propose d'expérimenter une technique méditative pour faire du bien à votre écosystème intérieur. La méditation est une pratique écologique en soi. Elle permet de sortir d'une logique du « faire », de performance, de croissance, pour se poser, accueillir, regarder, laisser passer... Elle est plus vieille que le bouddhisme, l'hindouisme et le yoga, et semble être née 2000 ans avant J.-C. Les religions d'Asie développent alors des techniques méditatives (qui seront reprises par le yoga originel), pour sortir du cycle de renaissances et atteindre le nirvana.

C'est du vécu !

« En décembre 2019, une doctoresse ayurvédique, dans le sud de l'Inde, m'a diagnostiqué un déséquilibre de mes "doshas", de mes énergies vitales. Trop de "vatha"; trop d'air, en quelque sorte. Trop dans les airs psychologiquement, pas assez ancrée physiquement. La résolution de mon problème est passée par des massages, du yoga, des herbes médicinales et une nourriture adaptée au rééquilibrage de mes doshas. Une semaine à ne prendre soin que de moi par des absorptions bonnes pour moi par la peau, les yeux, la bouche, le cœur, l'âme, etc.
Au bout de sept jours de massages à quatre mains, d'une nourriture délicieuse, de plantes et d'un yoga doux... ma santé globale était au top. Mon ventre bien détendu, mon énergie harmonieuse, mon corps indolore. Ce que j'avais ingéré avait harmonisé tout mon être. Mon transit, ma dépense énergétique, mon ouverture de cœur fonctionnaient également très bien. »

LA PRATIQUE DU LOTUS

- Installez-vous pour votre méditation, en lotus par exemple, si vous le pouvez : en position assise, les jambes croisées, de manière que chaque pied repose sur la cuisse opposée. Le lotus fait partie des huit signes auspicieux du bouddhisme tibétain, qui sont porteurs de chance. Il se matérialise par ses racines, sa tige ; il pousse dans la boue et sa fleur, qui symbolise la paix, s'ouvre et s'éveille. Si vous ne pouvez pas adopter cette position, aucun problème : installez-vous d'une manière qui vous est confortable, et regardez la photo d'un beau lotus (ou imaginez-en un) pour vous installer dans la pratique.

- Votre corps est en relation avec le sol, le dos tranquillement redressé, le menton vers le thorax, les mains en ouverture. Suivez le rythme de votre respiration. Descendez tranquillement vers la respiration du ventre, détendez votre ventre, et laissez tous les organes à l'intérieur se relâcher. Les muscles abdominaux se détendent. Suivez le va-et-vient de votre ventre, sentez votre diaphragme entre le thorax et l'abdomen qui descend à l'inspir puis remonte à l'expir, masse le ventre à l'inspir et le fond des poumons à l'expir. Pour un massage profond de vos organes, privilégiez une respiration plus intense.

- Profitez maintenant de votre détente pour accueillir agréablement ce qui peut passer par votre organisme : les perceptions, les lumières, les sons, les sensations de l'air sur votre peau, de vos mains sur le toucher du tissu. Restez ouverte et ouvert aux perceptions agréables. Vous les accueillez à l'intérieur par vos organes sensoriels – la peau, les oreilles, le nez, les yeux et maintenant le goût.

- Imaginez, maintenant. Vous pouvez laisser venir un aliment que vous aimez. Recevez son goût en bouche comme un cadeau de la terre, des océans, de l'air. Vous accueillez ce don de la nature avec gratitude, reconnaissance et conscience. Par cet aliment, vous êtes connecté(e) à la terre, l'air, la mer, le soleil, la pluie, l'eau… Par le goût, vous sentez votre bouche, vos papilles…

- En imaginant que vous ingérez cet aliment, fusionnez avec son énergie et l'énergie vitale qui l'a fait naître et grandir, et prenez conscience de ses nutriments qui passent dans votre organisme. Il y a un peu de l'air, du soleil, de la terre, de l'eau en vous.

• Prenez maintenant conscience de l'entièreté de votre système digestif. La bouche, avec les glandes salivaires et les papilles, puis l'œsophage et l'appareil digestif, de l'estomac jusqu'au gros intestin et aux organes d'élimination, d'évacuation. Prenez conscience de ce qui entre et sort par votre système digestif et qui est transformé dans l'usine gastrique et intestinale. Prenez conscience globalement de ce qui passe par vous, de ce que vous ingérez, digérez, rejetez, et de ce que vous absorbez.

• Votre écologie personnelle vous demande de mettre de l'attention sur vos absorptions. Elles sont multiples : alimentaires, énergétiques, culturelles, respiratoires, télévisuelles, livresques, idéologiques, sonores... Vous fusionnez avec ce que vous absorbez.

• Restez en silence quelques minutes pour méditer sur vos absorptions. Peut-être pouvez-vous limiter celles qui sont toxiques? Et laisser à l'autre ce qui lui appartient, quand ce n'est pas bon pour vous? Quels sont vos plaisirs réels?

• Tout passe par votre ventre. Envoyez-lui beaucoup d'amour et de reconnaissance. Votre ventre vous remercie de cet amour, et de cette attention portée à ce qui passe par lui.

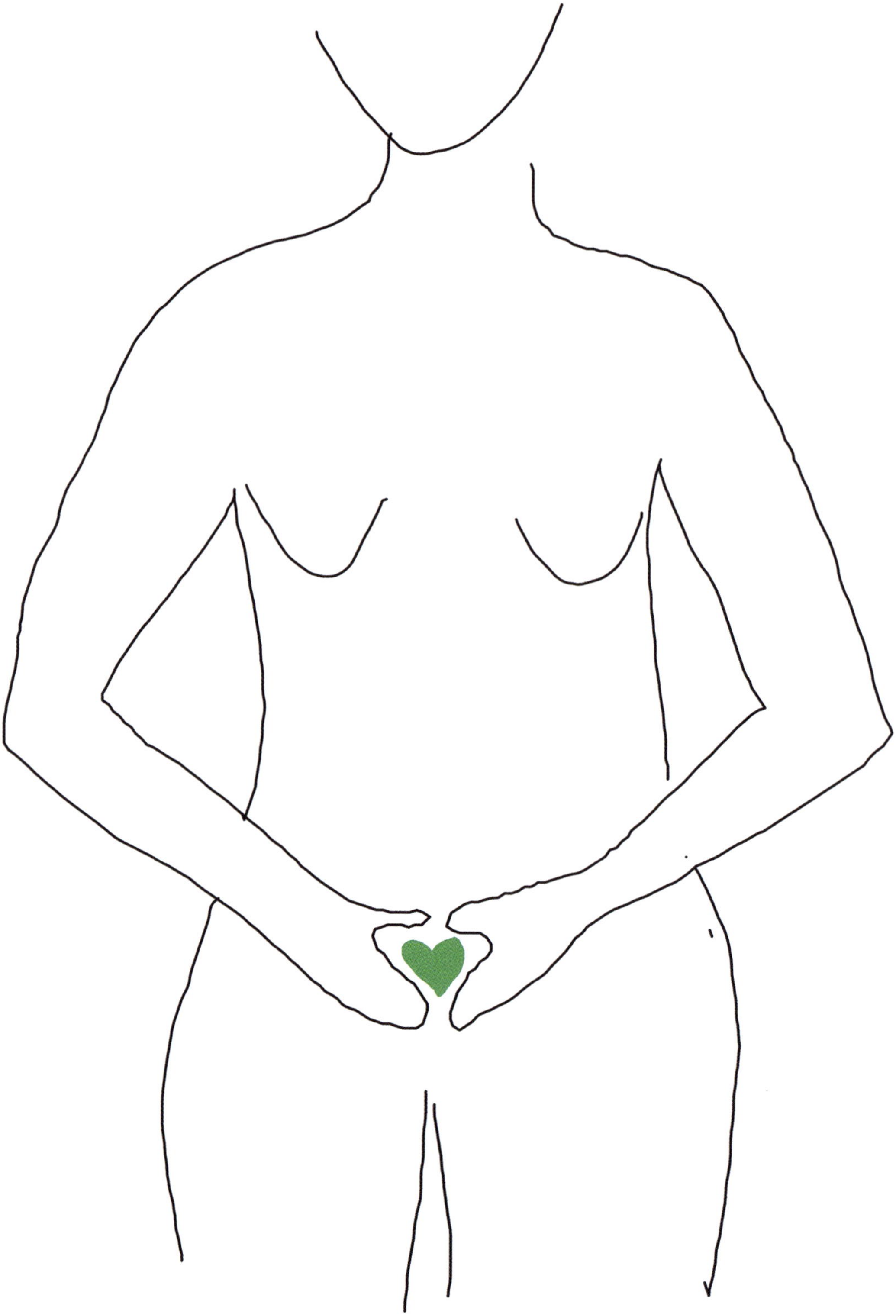

Je fais du bien à mon ventre, au centre de mon corps. J'ingère ce qui est bon pour moi en conscience. Je remercie toutes les alchimies digestives ; elles passent par mon ventre. En prenant soin de mon centre, je veille à m'aimer pour mieux aimer le monde, dans un mouvement centrifuge. À ce sujet, l'astrophysicien et philosophe Aurélien Barrau écrit que

« l'amour n'est pas qu'un ressenti, il est une exigence. [...] Peut-être ne s'agit-il que d'apprendre – enfin – à aimer. La singularité de ce temps tient à ce que l'initiative ne vient ni des philosophes, ni des artistes, ni des politiques. Pas même des scientifiques. Elle émerge du monde. Du monde lui-même, en lui-même, dont nous sommes pourtant un élément [...][3]***. »***

CHAPITRE 4

Dépolluer mon mental des pensées toxiques

Ça Minerve

Ne pas toujours suivre ce que raconte son cerveau. Garder son esprit critique à l'égard de toute forme de pensée. Pourquoi est-ce écologique?

La pensée est agissante. Il y a une forme de pensée inconsciente, évoluant dans le domaine des rêves et une autre, consciente, avec laquelle les humains croient maîtriser le monde. Ça Minerve, cette supériorité supposée des idées sur le corps qu'invoquent de nombreux humains depuis l'Antiquité!

Sans basculer dans le manichéisme entre les bonnes et les mauvaises pensées, on voit où ce culte de la pensée a conduit : au désastre écologique d'aujourd'hui. L'humain se croit séparé de la nature et intellectuellement supérieur.

Avec nos pensées, nous interprétons le monde. Ces interprétations s'appellent des projections. Un exemple? Tu commences à avoir une Perception négative de quelqu'un : cela prend la forme d'une «pensée juge». Sous le joug de tes pensées, tu progresses vers une autre étape : une crise dans la relation, une dispute ou une rupture. Il s'avère que cette pensée négative n'était pourtant pas forcément juste. Dans quel cas? Lorsque tu n'as pas agi avec justesse et respect pour toi-même et que tu en attribues la responsabilité à l'autre, par exemple. Nous passons notre temps projeter sur l'autre des choses justes ou injustes. C'est la loi de chacun!

Même si nous en sommes tous là, il nous est possible d'avoir un regard critique sur nos pensées; ce ne sont pas des vérités. Elles frisent même parfois l'élucubration. Selon nos clichés ou nos *a priori*, nous pouvons avoir telle interprétation d'une situation. C'est ainsi que naissent les opinions racistes, sexistes, xénophobes, homophobes!

L'écologie personnelle demande un peu de recul sur nos pensées, car c'est avec elles que nous forgeons le monde de demain. Ce sont elles aussi qui construisent l'idée que nous avons de nous-même. Si notre petit juge interne nous persécute, nous creusons un peu plus l'abîme de mésestime qui nous guette… Alors, comment nous aimer ?

Œil de chouette ! Mettons-nous bien d'accord ! Je ne préconise pas d'abandonner les pensées pour l'irrationnel. Les injonctions à « lâcher le mental » ne sont pas plus justes que celles qui nous intiment d'être toujours cartésien ! Le leitmotiv du « lâcher-prise » aurait tendance à Minerver, comme celui de « la maîtrise du mental », évoqué dans certaines visions très utilitaristes de la méditation.

Éco-pratique

La conscience est en interrelation avec notre âme ; notre être, lui, est en relation avec le reste du monde, par nos pensées et nos actions. Nous ne pouvons pas contrôler les pensées qui nous viennent. Nous pouvons cependant les regarder, et choisir de ne pas forcément les suivre aveuglément. C'est un exercice auquel s'emploient de nombreux ascètes qui domestiquent leur mental. Le traité de yoga de Patanjali évoque « la résorption des opérations du mental » comme une définition du yoga.

Nous ne sommes pas, pour la plupart d'entre nous, des yogis ascétiques, des moniales et moines, des bouddhistes, des catholiques, des orthodoxes ni des taoïstes... Et nous n'envisageons pas les pratiques proposées comme un moyen d'accéder au salut. Pourtant, par la pratique et l'analyse de nos pensées, nous pouvons réussir à ne pas être mu(e)s par celles-ci, ou en tout cas pas tout le temps.

Allons dans la pratique avec indulgence et humilité !

Nous avons plusieurs façons de nous occuper de nos pensées, indépendamment de notre jugement sur leur justesse.

1. Nous pouvons les laisser passer sans les juger ni les contraindre.
2. Nous pouvons les laisser passer en mettant le corps en mouvement dans la marche.
3. Nous pouvons les mettre entièrement au service de la conscience corporelle.
4. Nous pouvons décider de laisser partir les pensées qui alimentent nos émotions désagréables.

Aujourd'hui, je vous propose quatre pratiques en rapport avec ces quatre intentions. Elles sont particulièrement bénéfiques lorsque nous sommes en prise aux ruminations, cogitations et autres pensées pyromanes.

C’est du vécu !

« Je m’emploie à exercer ma concentration depuis quelques années sur mes pensées et sur ce que j’exprime. Cela me demande malheureusement beaucoup d’efforts ! Il m’est beaucoup plus facile de râler ou de juger… C’est même assez spontané. Mais je sais combien railleries et râleries contaminent l’air et l’ambiance à force de répétitions. J’ai en tête le Bouddha, et son doigt sur la bouche. C’est très intéressant de ne pas participer aux médisances ; c’est un exercice de ne pas se complaire dans la pensée critique, y compris celle qui me disqualifie. De penser mes pensées. De distinguer celles avec lesquelles je dramatise une situation de celles qui viennent de mon émotion. Ne pas médire de moi-même ou des autres, ce n’est ni de la morale ni de la bien-pensance, c’est de l’hygiène ! Il m’arrive d’oublier de me laver les dents ou de ne pas le faire, par flemme… Les pensées disqualifiantes passent aussi, parfois, sous les radars, ou tournent en boucle par paresse. »

LE OU LA TÉMOIN

- Posez-vous à l'écart de vos activités quotidiennes, avec les mains en ouverture, pour une pause méditative.

- Ressentez quelque chose de désagréable comme le poids d'une émotion, une agitation, du stress... Respirez naturellement, sans chercher à modifier votre souffle.

- Mettez-vous en position de témoin de vos pensées : vous ne participez à rien si ce n'est au regard posé sur les pensées qui passent par votre cerveau de façon involontaire. Cette position du témoin est neutre et impartiale.

LA MARCHE MÉDITATIVE DES PRUNIERS EN FLEUR

- Choisissez un endroit agréable où marcher quinze minutes. Marchez en silence, doucement. Pendant votre marche, ne faites rien de spécial de vos pensées. Vous les laissez aller et venir, avec à la conscience, même de façon intermittente, la sensation des pas, du ciel, et la perception de la nature autour de vous. Pas d'effort de concentration. Juste de la lenteur.

- Marchez plus lentement que d'ordinaire. Et le plus consciemment possible.

- Petit à petit, vous constatez que les pensées se calment. À marcher ainsi régulièrement, on obtient une sensation de paix, avec la terre, le mouvement du corps, l'air, la beauté du ciel, des arbres, de l'océan ou de la montagne.

LE SPORT EN CONSCIENCE

- Que vous ayez l'habitude de pratiquer le yoga postural ou une activité sportive, posez comme intention d'être en relation consciente avec votre corps pendant le mouvement, l'effort physique ou la posture. L'intention ferme, ainsi que l'attention posée sur le corps durant toute la durée de l'exercice, est une façon de domestiquer le mental et donc de le mettre au service d'une énergie plus constructive que celle des pensées. Cela permet de se recentrer. À l'inverse de la méditation qui n'impose rien aux pensées, il y a ici une volition, un acte de la volonté. Restons indulgents avec nous-même et notre capacité à domestiquer notre mental; cela demande du temps et ce n'est jamais parfait.

LIBÉRER LES PENSÉES

- La technique des mains est facile à utiliser. En vous mettant légèrement en marge du flux de vos pensées, vous pouvez voir ce que vous pensez, ou «penser ce que vous pensez». Une pensée vous encombre? Vous la mettez dans l'une de vos mains comme s'il s'agissait d'un objet. Vous fermez le poing, et mettez la main bien en dehors de votre corps. Ouvrez votre main, et laissez délibérément partir la pensée. L'acte doit se faire consciemment, avec attention et qualité dans le présent. Vous pouvez continuer de faire le petit ménage de vos pensées avec le même moyen corporel. À chaque pensée encombrante, un mouvement libératoire de la main signifie au cerveau que vous arrêtez de suivre cette pensée, d'en être esclave, de la nourrir.

Je calme mon mental quand il me pollue et m'entraîne malgré moi loin de moi. Je reviens à moi pour ne pas prendre mes pensées pour des vérités. Car comme le dit une vieille sagesse hawaïenne,

«je suis, je suis ce que je pense. Je suis ce que je pense et le monde est tel que je pense qu'il est».

CHAPITRE 5

Prendre soin de mon être émotionnel

Ça Minerve

Respect à nos émotions ! Sans elles, pas de vie ni d'amour ni d'empathie ! Sans elles, tous les humains seraient des sociopathes ! Une fois pour toutes : il n'y a pas d'émotions négatives.

De quoi parle-t-on quand on parle d'émotions ? De la surprise (oui c'est une émotion, même si l'on ne pense pas souvent à elle), la colère, la peur, la tristesse, le dégoût, l'amour, l'empathie, la honte, la culpabilité, la joie, la confiance…

Quelles attitudes vis-à-vis de nos émotions ne sont pas écologiques ? On ne se respecte pas quand on :

- se coupe d'elles ;
- évite celles qui sont inconfortables ;
- les comprime ou les retient jusqu'à l'explosion ;
- remplace artificiellement l'émotion inconfortable par un plaisir matérialiste ;
- ne s'occupe pas de celle qui vient de l'enfance et qui fait irruption dans notre vie d'adulte.

Quels sont les éléments qui maintiennent notre écologie émotionnelle dans notre quotidien ?

- le rire ;
- une bonne hygiène de vie ;
- de l'exercice physique ;
- un sommeil régulier ;
- des pauses ;
- de l'amour, de l'amitié, de l'affection ;
- des relations sociales ;
- de la reconnaissance ;
- des petits plaisirs.

Je me méfie néanmoins de toute forme d'injonction néo-libérale à la psychologie positive, et à la performance par la gestion des émotions ! Manger bien, faire du sport, gérer ses émotions... Tout dépendrait donc de la « gestion de soi » ? Comment se sentir bien avec une éternelle obligation de se perfectionner ? Ça pourrait Minerver de voir combien c'est utilisé au profit des exigences capitalistes, dans le coaching d'entreprise, dans les stages de bien-être, etc.

Les émotions font partie de l'humanité et certaines sont communes à tous les mammifères. Sans compter que toute la nature est sensible ! Par notre coappartenance au vivant, ce que nous ressentons se propage. Ce n'est pas parce que les émotions ne sont pas exprimées qu'elles n'existent pas et qu'elles ne se diffusent pas. Alors, commençons par avoir de l'empathie pour nous-même, afin d'observer, d'accueillir notre vulnérabilité et de nous occuper de ce qui surgit émotionnellement.

Mais qu'on arrête de me parler de contrôle des émotions, ça pourrait Miverner ! C'est encore un terme d'humains domesticateurs qui glorifient les émotions ou les condamnent, selon les cas !

C'est du vécu !

« Quand je suis mal, j'ai appris à me laisser traverser par l'émotion perturbatrice. Pour les femmes qui vont accoucher, l'une des tactiques face aux contractions consiste à ne pas en rajouter : ne pas essayer de s'opposer ou de vaincre, juste laisser la contraction effectuer son travail... L'émotion, comme la contraction, a son utilité ! J'écoute son message et sa manifestation. C'est un peu comme suivre la force du vent en bateau, même pendant la tempête. Avec l'habitude, mes émotions, même fortes, ne m'effraient plus. J'essaie en revanche de mettre un stop à mon mental qui galope ! Alors, ça bataille à l'intérieur. Une partie plus sage voit le déferlement inutile de pensées... Une autre se vautre allègrement dans le commentaire et le jugement. Le plus efficace pour moi est d'aller marcher ou de méditer. Le mouvement et l'introspection apaisent. Pas tout le temps... parce qu'on ne peut définitivement pas tout contrôler. »

Éco-pratique

Aujourd'hui, je vous propose une séance d'autohypnose afin de vous relier à la partie émotionnelle de votre être. Elle ouvre la voie aux pensées, aux représentations, aux ressources inconscientes.

Nous pouvons toutes et tous œuvrer à notre liberté émotionnelle et accéder à des ressources de confiance et d'émotions agréables, dont nous avons besoin pour faire face à certaines situations ou pour nous relier à notre nature libre et épanouie.

La pratique d'autohypnose ne permet pas le même travail que celui de l'hypnose. En revanche elle offre la possibilité d'accéder à une partie de soi reliée à notre inconscient personnel et à notre inconscient collectif. Dans l'inconscient collectif, on retrouve les images ancestrales et les archétypes qui appartiennent à toute l'humanité.

PRATIQUE D'AUTOHYPNOSE : MA LIBERTÉ ÉMOTIONNELLE

- Pour cette séance, asseyez-vous et choisissez un point où fixer votre regard. Fixez ce point longtemps. Fermez les yeux, puis ouvrez-les. Fixez à nouveau votre point. Faites cela plusieurs fois.

- Les yeux fermés, concentrez-vous ensuite sur l'une de vos mains. Portez votre attention sur sa forme, son volume, ses sensations, son contact. Peut-être pouvez-vous la sentir plus lourde sur le support, et augmenter cette sensation de pesanteur de votre main et de votre bras.

- Posez maintenant votre attention sur votre autre main avec curiosité. Vous sentez sa forme, son volume et la façon dont elle repose sur une partie de votre corps ou sur le fauteuil. Prenez le temps de sentir tous les détails de votre main. Peut-être une sensation de lourdeur va-t-elle aussi s'installer à cet endroit? Vous sentez maintenant vos deux mains et vous en appréciez la forme, les sensations et le contact avec leur support. Concentrez-vous sur vos mains et sentez en même temps l'air qui parvient à vos narines, l'espace autour de vous et les sons qui vous environnent.

- Vous vous donnez accès à une partie inconsciente de vous-même. Elle connaît tout de vous, elle prend soin de vous, elle est reliée à vos émotions. Vous allez prendre un peu de hauteur.

- Votre corps est détendu, vos muscles sont relâchés, et vous montez. Votre corps continue de se relaxer, votre tête reste éveillée et vous montez jusque dans l'espace. Dans la Voie lactée, vous rejoignez une étoile, qui vous protège et vous guide. Vous pouvez vous y asseoir, ou rester dans ses environs.

- Vous vous y installez, en dehors de toute pesanteur terrestre, léger et légère, détendu(e), sous la protection de l'étoile. La peau de votre visage est lisse. Votre esprit lui aussi est léger et éveillé grâce à cette prise de hauteur.

- Vous allez utiliser vos mains pour communiquer avec vos émotions qui sont en dehors du champ de la volition. Vous ne décidez pas d'avoir des émotions, elles surgissent d'une partie de vous-même que vous ne contrôlez pas, qu'on peut appeler l'inconscient ou le subconscient. Comme les rêves, les émotions sont porteuses de messages. Elles demandent d'être écoutées et considérées. Elles sont le terreau de nos actions et réactions.

- Ouvrez l'une de vos mains. Dans la paume de celle-ci, imaginez qu'une des émotions inconfortables qui se trouve dans votre thorax vient s'installer.

- Imaginez sa forme mobile, sa couleur, sa lumière. Une émotion étant mouvante, changeante, vivante, sa représentation peut, elle aussi, légèrement bouger dans le creux de votre main et connaître des variations.

- Laissez cette émotion dire tout ce qu'elle a à dire, un peu comme si elle était un personnage. Vous l'écoutez transmettre l'entièreté de son message. Il peut s'exprimer sous forme de mots, de phrases, d'images, de ressentis, de souvenirs... Si vous l'écoutez jusqu'au bout, vous allez sentir qu'une fois le message délivré, la représentation de cette émotion se modifie. Elle peut rapetisser, changer de couleur, perdre de son intensité. Une fois que vous la sentez moins intense, c'est qu'elle est moins active. Vous respirez mieux, dans votre thorax et dans tout votre corps. Votre respiration est plus fluide au niveau de votre plexus. Votre ventre bouge librement.

- Posez maintenant votre attention sur l'autre main dans laquelle vous allez imaginer une émotion, un ressenti, un sentiment, un état émotionnel agréable. Cela peut être la joie, la confiance, l'amour, un sentiment de bienveillance, de reconnaissance, de calme, un ressenti de confort, d'apaisement, de pétillement, un état émotionnel heureux et calme. Vous l'imaginez sous une forme mouvante agréable, qu'elle soit colorée, lumineuse ou blanche, calme, tranquille, comme si c'était un personnage. Laissez-vous gagner par cette énergie. Elle est dans votre main, puis votre poignet, et remonte ensuite dans votre bras. Vous allez maintenant poser cette main sur votre thorax. Laissez se diffuser cette énergie de bien-être, de confiance, de réassurance, dans toute la partie thoracique.

- Une fois que vous l'avez bien laissée infuser, imaginez que vous redescendez de l'espace sur Terre en retrouvant toute la force de gravitation de votre corps sur la chaise. Les mains peuvent se réunir pour s'unifier, puis s'ouvrir à l'énergie positive autour de vous, paumes tournées vers le ciel. Vous accueillez le bien-être dans le thorax. Le conscient et l'inconscient s'ajustent dans le présent, un peu comme les rêves de la nuit s'ajoutent à la pensée consciente du jour pour former le grand tout de la journée.

- Il vous reste maintenant à savourer pour votre journée votre tranquillité, votre confiance, votre liberté retrouvée et votre espoir.

«DO-IN» OUVERTURE DU CŒUR GRÂCE À LA LIBÉRATION DU DIAPHRAGME

- Installez-vous en seiza (à genoux) et placez les mains repliées sur le hara (le ventre), sous le nombril. Inspirez par le nez et expirez par la bouche, les lèvres légèrement ouvertes. Puis, placez vos doigts au niveau du plexus solaire, au centre du buste, sous l'appendice xiphoïde, au milieu de votre cage thoracique.

- Penchez-vous en avant et expirez; poussez vos doigts à l'intérieur, sous les côtes, aussi profondément que vous le pouvez, sans que cela soit trop douloureux.

- Retenez votre respiration quelques secondes, puis relâchez vos doigts.

- Répétez trois fois en écartant au fur et à mesure les mains, pour qu'elles suivent le chemin des bords des deux côtes, en descendant. Elles libèrent ainsi l'ensemble du diaphragme pour améliorer la respiration et ouvrir le cœur.

- Une fois cela terminé, restez silencieuse et silencieux pendant un moment, en observant vos ressentis.

Je traite bien mes émotions.
J'écoute le message de mon émotion jusqu'au bout.
Je m'ouvre à la confiance et à la réassurance.
Je laisse s'épanouir ma nature paisible et joyeuse.
Je m'imagine protégé(e) par une figure universelle, comme une étoile.

« Sur le plan symbolique, les étoiles sont autant de phares qui projettent leur clarté dans la nuit de l'inconscient. L'initié n'est pas seul sur sa route, une étoile qui n'appartient qu'à lui scintille et le protège[4] », écrit la psychologue jungienne Carole Sédillot à propos de l'arcane de l'Étoile dans le Tarot de Marseille.

CHAPITRE 6

Me sentir en harmonie avec l'extérieur

Ça Minerve

La notion d'« harmonie avec la nature » est culturelle. On peut lire dans les fondations de la philosophie indienne, de l'animisme, des cultures chamaniques comme de la philosophie écologiste d'aujourd'hui que l'extérieur et l'intérieur sont une seule et même chose et que les échanges entre les humains et les autres êtres vivants sont fondés sur la réciprocité et la coappartenance. À l'inverse, la Genèse, dans la Bible, invite l'humain à « dominer » la nature, à se séparer du reste du monde vivant. La nature s'apparente trop souvent à un décor pour l'être humain. Cela pourrait Minerver !

Si nous pensons la nature comme quelque chose d'extérieur, à dominer ou à préserver, c'est que nous la voyons en dehors de nous-même… C'est courant mais schizo, non ? Si nous nous occupons de la nature comme de nous-même (puisque nous sommes la nature !), nous pensons alors le monde dans son unité !

C'est le fondement de l'écologie de soi comme écologie du monde : tout est en interdépendance. La nature, c'est toi, moi, nous. L'harmonie est dedans comme dehors. La disharmonie du monde parle de la disharmonie intérieure.

Ça pourrait Minerver de croire que le résultat de ce que les humains ont créé est dissocié d'eux. C'est aussi schizophrénique que de séparer le corps de l'esprit ou de se couper de ses émotions.

Un des entraînements au « dharma », aux lois de l'Univers, dans le bouddhisme, est fondé sur l'écologie. Parmi les engagements il y a : ne pas tuer d'animaux, ne pas manger d'animaux, dans une logique d'unité et d'égalité. On retrouve également cette idée dans l'hindouisme. La médecine ayurvédique, elle aussi, est végétarienne. Alors, pourquoi penser le végétarisme comme une coquetterie de bobos occidentaux puisqu'il s'agit d'une règle de vie, pour des milliards de personnes sur la planète ? Comment considérer un être vivant simplement comme un produit ?

Où serait la logique de participer à l'élevage de masse par la consommation quand on sait combien elle est source de maltraitance pour l'animal et le végétal, en plus d'être un désastre écologique pour la planète ? Comme les Amérindiens, ne faut-il pas au contraire remercier la terre mère, le soleil, l'air, l'eau pour les légumes et les fruits ? Et si l'on consomme de la viande, comme les Inuits, remercier l'âme de l'animal qui donne son corps pendant la chasse ?

L'écologie se doit de quitter la pensée binaire de l'Homme qui serait « contre ou avec » la nature. C'est une construction sociale qui ne pense pas l'être humain comme un élément intrinsèque de cette nature.

Vous les humains avez à apprendre des peuples autochtones qui respectent et vivent avec les forces de la nature. On trouve au Musée des premières nations de Montréal le résumé de cette philosophie : « La nature est à la base de nos cultures. Nous ne croyons pas pouvoir la dominer ni en être détachés, nous sommes la nature et sommes transformés par elle. » Ils ont encore raison, quand les peuples natifs du Canada disent de la nature que « les sociétés occidentales en ont fait un instrument de leur quête de progrès » : elles ont bien rompu un équilibre entre l'humain et le reste du monde, et c'est du bon sens que d'ajouter que « pour notre avenir commun le véritable progrès consistera à rétablir les alliances pour une cohabitation harmonieuse avec la nature ». Prenons exemple sur les peuples racines du monde entier, du Canada et d'Asie, d'Afrique, d'Europe (les Samis) qui partagent cette vision du monde.

Éco-pratique

Aujourd'hui je vous propose d'approfondir votre écologie holistique, en adoptant une relation d'ouverture et d'humilité avec votre environnement. Nous allons passer par vos sens. C'est aussi un moyen de maintenir l'équilibre entre le corps, les pensées, les émotions, le monde terrestre d'une part et des énergies subtiles transmises par les perceptions d'autre part. Peut-être certains ou certaines parmi vous ressentent ces énergies comme spirituelles.

À cette étape, nous restons bien en relation avec les autres animaux, les végétaux, les minéraux par nos portes sensorielles ; nous pouvons les ouvrir plus largement à la grande famille du vivant.

Car nous sommes une grande famille. Nous sommes animaux parmi les animaux. Nous avons été végétaux. Rien n'est fragmenté. Par les sens, nous ouvrons les portes de notre sensorialité à toutes nos parentés. Sentons le plaisir d'être vivant !

C'est du vécu !

« J'adore me baigner, la vue de la mer ou de l'océan, les odeurs, le contact du sable et de l'eau sur la peau, le goût du sel, l'air sur le corps, la liberté de mouvement dans le milieu aquatique, l'immensité du paysage, les couleurs des arbres, de la roche... Tout cela contribue très rapidement à détendre mon cerveau, m'apaiser, me procurer un très grand plaisir ! Il m'est alors très aisé de sentir le "Mitakuye oyasin", la salutation des Sioux lakotas qui nous rappelle que nous sommes tous reliés !

Nous avons tous un lieu, un élément, un souvenir dans lequel facilement retrouver ce lien instinctif avec nous-même, notre propre sensorialité et celle du vivant autour de nous. Le plus difficile pour moi est de le garder dans mon milieu urbain, quand je prends le métro ou la voiture, parce que je dissocie à nouveau la nature de la ville. La nature redevient, en bonne Occidentale que je suis, séparée de moi. Je la retrouve dans un bois ou un parc. Je dois revenir en moi, en mon vivant, pour me sentir liée au monde visible, pour ressentir cette unité fondamentale et pour que cesse la dichotomie culture/nature. Mon intériorité, c'est pour moi la base. Sans elle, pas d'écologie.»

BALADE AROMATIQUE EN PROVENCE

- Installé(e) confortablement, après une première lecture de cette pratique aromatique, fermez les yeux et faites venir les différentes images que je vous propose.

- Un magnifique paysage de Provence. Des terres gorgées de soleil. Des bosquets de thym et de romarin. Au loin, de magnifiques pins qui se dressent majestueusement jusqu'au ciel. Sentez comme cela vous vivifie.

- Sur le côté, un champ d'agrumes : citrons, oranges, mandarines. En vous approchant, vous pouvez observer leurs belles couleurs, profiter de la fraîcheur de leur zeste et de leur parfum acidulé.

- Le long du sentier, du basilic dans sa robe vert tendre vous apporte un effet « coup de fouet ». Sentez la bonne humeur, la joie de vivre vous envahir.

- Voyez à présent les buissons de laurier. D'un vert plus foncé sur le dessus des feuilles et plus clair sur le dessous. Froissez mentalement quelques feuilles au passage. Et ressentez le calme en vous. Vous êtes fort ou forte, et invincible !

- Une haie de roses sauvages, avec leurs pétales aux mille nuances de rose, orange, fuchsia, pourpre. Leur parfum vous enivre de douceur.

- Derrière les roses, un champ de lavande. Voyez cette harmonie de bleu, mauve, parme… qui s'étend jusqu'au ciel couleur azur. Laissez-vous entraîner dans le ballet des longues tiges bleutées qui s'agitent au vent. Imaginez maintenant que la lavande embaume vos draps de nuit.

- La nuit étoilée est d'une douce clarté. Humez le délicat parfum de la camomille mêlée à la fleur d'oranger. Vous vous sentez bien. Une paix vibrante imprègne l'atmosphère.

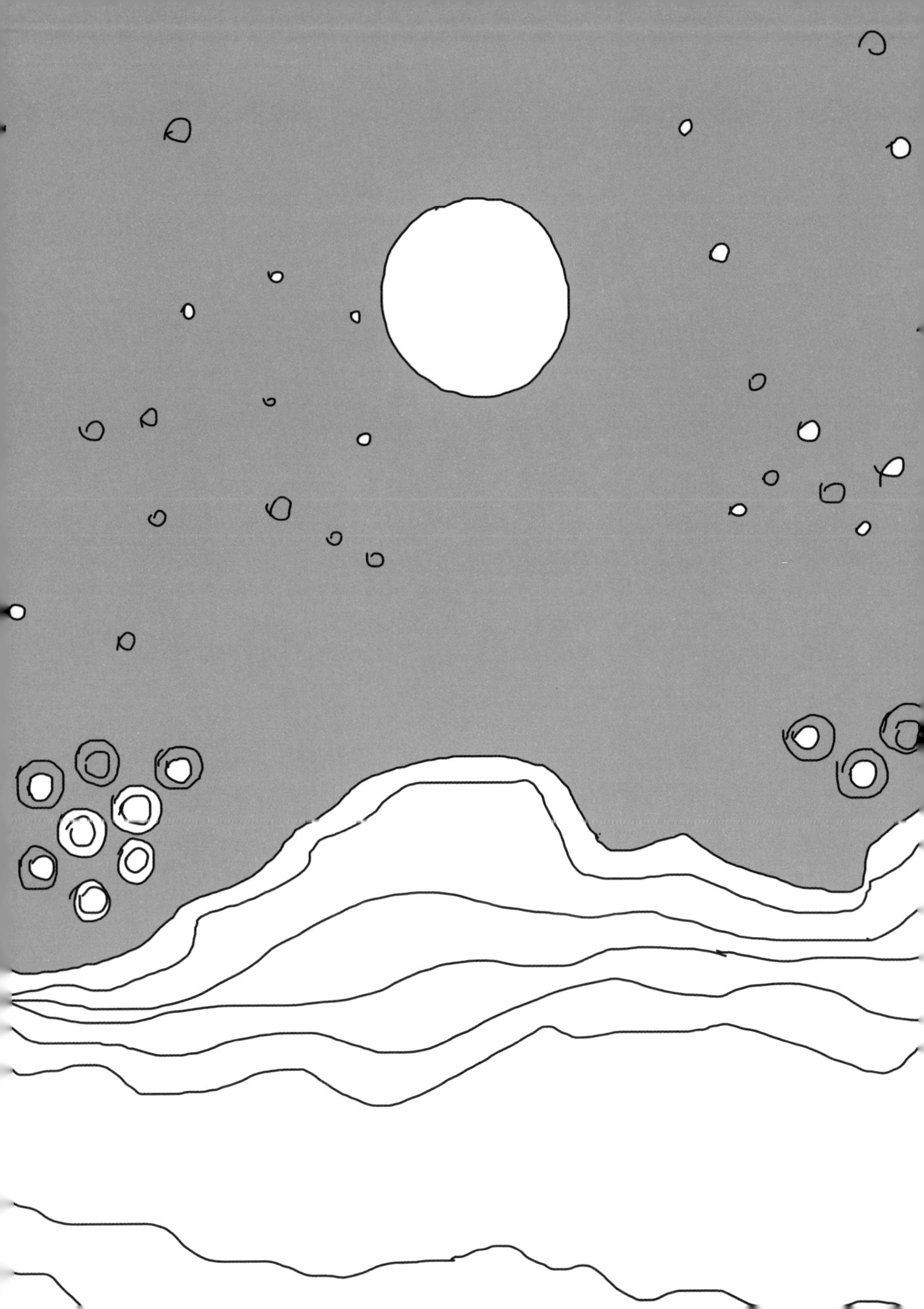

Je me sens bien dans ma peau et dans mon lien à l'extérieur.
Je suis relié(e) à tout ce qui m'entoure.
« Mitakuye oyasin »
Dit la prière lakota la plus connue.
« Mitakuye oyasin »
Que nous traduisons par :
« Nous sommes tous connectés. »
Et la prière continue :
« À la nation minérale qui a construit et maintenu mes os et tous les fondements de l'expérience de la vie, merci.
À la nation végétale, qui soutient mes organes et mon corps et me donne des herbes médicinales, merci.
À la nation animale qui me nourrit de sa propre chair et qui offre sa fidèle compagnie dans ce chemin de vie, merci.
À la nation humaine qui partage mon chemin en tant qu'âme sur la route sacrée de la vie terrestre, merci.
À la nation spirituelle qui me guide à travers les hauts et les bas de la vie et porte le flambeau de la lumière à travers les âges, merci.

Vous êtes mes parents, mes proches sans lesquels je ne vivrais pas. Nous sommes dans le cercle de la vie ensemble, coexistants, codépendants, cocréant notre destin. L'un pas plus important que l'autre. »
Adaptation d'une célèbre prière des Sioux lakotas.

CHAPITRE 7

Me sentir habité(e) par mes valeurs

Ça Minerve

Ça Minerve d'entendre que l'écologie est à la mode ! Comme si c'était une mode de prendre soin du vivant et d'être sensible, de vouloir se sentir équilibré, dans une énergie positive, en bonne relation avec les autres ! Le terme existe depuis le XIXe siècle quand même... L'écologie a été une sous-branche de la biologie, un courant philosophique, politique ; elle fait aujourd'hui partie d'une réflexion d'ensemble sur notre crise contemporaine.

Je suis sûre que tu as, depuis longtemps, ta façon à toi d'être écologiste, dans tes actes vis-à-vis de toi-même, dans ta nourriture, dans la façon dont tu considères les autres animaux, les plantes, la planète, etc. Et même si elle n'est qu'une bouture dans ta vie, l'écologie est amenée à se développer, à fleurir et à engendrer un autre monde intérieur.

Avec tout ce que l'on sait du réchauffement climatique, de la destruction des ressources, du désastre écologique actuel, sans doute est-il temps que l'écologie devienne une valeur personnelle, mais aussi collective, sociétale, universelle ! Peut-être as-tu eu, toi aussi, un déclic qui a modifié ta consommation, ta santé et tes relations ?

Quand l'écologie devient pour nous une valeur, elle prend part à notre identité, elle donne lieu à de nouveaux paradigmes de pensées et d'actions. Plus nous regardons, goûtons, sentons et vivons en pleine conscience, plus nous sommes capables de nous décentrer et de vivre avec les autres espèces, plus l'écologie prend de la place naturellement dans nos vies ! Partir de soi, revenir à soi et toujours accueillir l'altérité.

Bon, je sais, ce n'est pas si simple... Ça s'entretient, se pratique, s'entraîne ! Car oui, on peut s'entraîner à l'écologie. Si je copie cette grande dame qu'est Simone de Beauvoir, je peux même dire : « On ne naît pas écolo, on le devient », comme on devient conscient. Et si je me prends pour une chouette spinoziste, je peux ajouter que c'est même une façon de persévérer dans son être et avec joie !

Allez, haut les cœurs, tous écolos !

C'est du vécu !

« Pour moi l'écologie c'est la santé. Je ne dénigre pas la médecine classique en vieillissant. Je l'utilise, mais j'exerce mon libre arbitre et je suis à l'écoute de ce que me dit mon corps, pour faire ce qui est bon pour moi. L'écologie, c'est du respect. Je commence par respecter qui je suis, et ne participer qu'à ce qui me semble juste ou me plaît. Je suis donc capable de me soustraire à une activité que je ne souhaite pas pour moi. Je respecte mes émotions, et même si parfois c'est difficile, je les exprime. Pour autant je dépasse mes peurs, car elles n'ont pas à m'arrêter d'agir et je n'ai pas à suivre mes pensées limitantes. J'essaie d'être en pleine conscience dans ce que je fais, mange et respire… Je dis bien, j'essaie ! »

Éco-pratique

Aujourd'hui je vous propose d'intérioriser un peu plus l'écologie, de la ressentir comme une valeur d'équilibre, de conciliation, de réconciliation, de concorde, entre les pensées, les émotions, les sensations, les perceptions, le vivant en soi et en dehors de soi. Entre le monde visible et l'invisible. Allons vers une écologie intégrale, dans laquelle une valeur personnelle peut aussi être celle de la communauté et devenir universelle.

Commençons toujours par le retour au corps ! Vous souvenez-vous de la pratique n° 1 *(voir premier chapitre)* ? Notre corps est notre écohabitat. Prenez le temps de vous extraire de vos activités pendant une à trois min. Vous pouvez au choix :

- enchaîner 10 respirations profondes ;
- respirer selon le principe de la cohérence cardiaque. Comptez 4 à l'inspir et 6 à l'expir pour un effet relaxant, pendant 6 respirations, pour une minute de calme express ;
- pratiquer un automassage ;
- faire quelques asanas, quelques postures rituelles de yoga.

PRATIQUE SOPHRO : MON ÉCOLOGIE COMME VALEUR

- Laissez venir à vos pensées la notion d'écologie. Quels mots, images, émotions, ressentis, arrivent à cette évocation ? Il ne s'agit pas ici de vivre ce mot de façon intellectuelle mais de le laisser s'épanouir, pour sentir comment il évolue en vous. En sophrologie, la notion de valeur est reliée à l'identité de la personne. On peut considérer que chacun et chacune a des valeurs qui lui sont propres. D'autres sont partagées par un groupe (la famille, les amis, une communauté d'appartenance, une société, une civilisation…). Certaines valeurs personnelles peuvent aussi rejoindre l'universalité ; c'est le cas de l'humanisme et de la spiritualité.

- Les yeux fermés, mettez les mains sur votre bas-ventre. Prenez une grande respiration puis laissez vivre l'écologie dans l'étage des fondations de votre corps… Comment résonne-t-elle dans le bas de votre corps ? Faites l'expérience de cette incarnation, ici.

- Faites de même en remontant d'abord vos mains sur le ventre, pour l'incarnation de l'écologie dans votre abdomen, dans votre ventre.

- Remontez ensuite les mains sur le thorax, pour l'incarnation de l'écologie dans votre thorax, votre cœur, vos poumons.

- Placez les mains sur votre gorge, pour l'incarnation de l'écologie dans votre gorge, votre thyroïde, dans vos épaules, vos bras, vos mains et vos doigts.

- Posez les mains sur le front pour l'incarnation de l'écologie dans votre tête, votre cerveau, vos organes sensoriels.

- Montez enfin les bras vers le ciel. Vos mains sont des antennes. Elles captent l'énergie du vivant autour de vous, celle des autres humains, des autres animaux, des végétaux, du cosmos, de l'air, du soleil ou de la pluie, de l'eau, de la terre…

Elles ramènent ensuite cette énergie positive du vivant :

– dans la tête, avec les mains posées sur le front ;

- dans le thorax, avec les mains sur le sternum ;
- dans le ventre, avec les mains sur l'abdomen ;
- dans le bas du corps, avec les mains sur le bassin ;
- dans le corps tout entier, avec les mains sur le nombril.

• Accueillez tout ce qui se vit en vous, sans jugement ni *a priori*. Accueillez votre ressenti de l'écologie comme valeur en vous. Laissez venir les images, les projets, les envies... Accueillez ce qui est important dans votre façon à vous de « vivre sur la Terre ».

Vivre sur la Terre est, comme le dit son autrice Alicia Bay Laurel, « un livre universel qui s'adresse à tous ceux qui veulent revenir à un mode de vie simple et proche de la nature[5] ». Il transmet les savoirs écologiques d'une communauté hippie californienne. C'est un magnifique ouvrage, plein de ressources.

Et vous, comment avez-vous envie de vivre votre vie ? Quels sont vos savoirs écologiques ? Comment votre valeur s'incarne-t-elle au présent ?

Au fil des pratiques, vous cultivez l'écoute de vous-même, de vos sensations, pour mieux respecter votre corps et votre santé physique et mentale... Au fil des pratiques, vous aiguisez votre sensibilité aux autres et à ce qui est vivant en vous et autour de vous. Vous développez un « art de l'attention ».

Méditons sur cet « art de l'attention » : comment allez-vous exercer cette médecine naturelle qu'est votre écologie personnelle dans les mois à venir ? Comment allez-vous incarner votre valeur pour une existence en congruence avec votre identité ?

JE FAIS LE POINT SUR MON ÉCOLOGIE PERSONNELLE

Nous vous laissons l'espace de la réflexion, de la réponse non binaire, de la liberté de raisonnement. Aucune bonne réponse, aucun bilan de test, juste quelques phrases pour nous inviter toutes et tous à « persévérer dans notre être », comme le disait Spinoza.

Souscrivez-vous aux propositions suivantes ? Pour prendre soin de mon écohabitat :

- Je sais prendre soin de ma santé physique et mentale.
- Je veille à assouvir mes besoins de base : sommeil, hydratation et alimentation.
- Je pratique régulièrement une « technique » introspective comme méditation, yoga, sophrologie, yoga nidra, relaxation, hypnose, etc.
- J'accompagne mes émotions afin de retrouver ma liberté émotionnelle.
- Je me rends compte de mon stress.
- J'ai conscience de l'impact écologique sur moi-même de mon état de stress, de mes émotions et de mes pensées.
- Je ne laisse pas le stress s'accumuler en phase de résistance.
- J'ai déjà subi une forme d'épuisement émotionnel, professionnel ou personnel et je suis avisé(e) des conséquences sur ma santé.
- Je consomme avec parcimonie ce qui ne m'apporte aucune énergie utile au bien-être de mon organisme (réseaux sociaux comme sucre non raffiné) sans me couper des aléas du monde.

- Les éléments dits « naturels » sont ceux qui me procurent un plus grand bien-être.

- Ce qu'on appelle « nature » est pour moi partout, à l'intérieur de moi comme à l'extérieur.

- Je cultive à ma façon et selon une cohérence qui m'est propre mon positif et ma joie.

- Je mets en lien mon écologie personnelle avec celle de mon environnement d'abord et plus largement celle de la planète.

- Mon écologie personnelle est déjà un acte politique qui remet en cause les excès du capitalisme ou du consumérisme.

- Je suis relié(e) à tous les êtres vivants par le cœur et les sens, davantage ou autant que par le raisonnement de mon cerveau.

- L'écologie est pour moi une philosophie de vie, une mise en action, en congruence avec mon identité.

Je me sens connecté(e) à mes valeurs, et
je considère l'écologie comme l'une d'elles.
On pourrait nommer l'écologie en s'inspirant de
Baptiste Morizot, écrivain et philosophe, comme
«la disponibilité et la sensibilité au vivant[6]».
Mon écologie est capable de transformer le
monde, car elle est ***«puissamment politique»***.

PARTIE 2

Mon écologie du vivre ensemble : une écologie relationnelle

Nous ne vivons évidemment pas seul(e) sur cette Terre. Les relations sont le terreau nécessaire au développement de notre écologie intérieure, sociale et universelle. Bien vivre oui, et ensemble. Même dans une retraite spirituelle, les temps d'intériorité sont suivis de temps en communauté. L'intérieur et l'extérieur doivent sans cesse communiquer. Vous trouverez donc dans cette partie trois pratiques communautaires qui répondent au besoin d'une écologie collective applicable au quotidien : ho'oponopono, danse libre et écodéveloppement.

Ne jamais s'oublier et se libérer de certains conditionnements nocifs : cela reste au cœur des pratiques personnelles, avec une belle ouverture de cœur à toute la beauté du vivant et des êtres de toutes espèces qui nous entourent ! Nous respectons mieux lorsque nous connaissons, et lorsque nous aimons. Peut-être pouvons-nous considérer que les relations ne sont pas forcément duelles, qu'il n'y a pas forcément nous d'une part et les autres d'autre part ? Peut-être pouvons-nous, dans une dimension plus spirituelle, nous sentir dans une unité globale ?

Qu'on soit dans une spiritualité non duelle des relations ou une vision plus occidentale et matérialiste du monde, avec mon « moi » séparé des autres, ce qui circule dans le lien énergétique et émotionnel entre les êtres est très important pour l'écologie globale… C'est tellement bon quand ce sont des affects positifs !

CHAPITRE 1

Développer ma conscience du monde extérieur

Ça Minerve

Christophe André, le psy le plus médiatique de France, te l'explique très bien : il y a deux obstacles au bonheur, l'« habituation hédonique » et le « biais de négativité ». L'habituation hédonique, c'est ne plus percevoir les sources de bonheur du quotidien, notre bien-être avec l'autre. C'est s'habituer au vivre ensemble sans prêter attention à ce qui nous rend heureux d'être vivant.

Cela demande en effet de l'entraînement de regarder l'autre, de le percevoir (qu'il soit végétal, minéral ou animal). De reconnaître aussi que nous sommes heureux et heureuse de vivre, d'entretenir des liens sociaux. Pourquoi ? Parce que c'est un exercice d'être conscient dans le présent de ce qui nous rend heureux et qui fait sens. Cela demande de la conscience d'être vraiment « avec », complètement « avec ». Avec nos enfants quand nous jouons avec eux, avec la forêt quand nous nous y promenons, avec nos amis quand nous sommes en groupe… afin que notre tête ne soit pas encore au travail, dans le passé ou le futur, occupée à d'autres sujets.

Apprendre à être présent là où nous sommes. Privilégier un bon écosystème relationnel. Privilégier les émotions sociales de l'amour, l'empathie, l'affection au mépris…

Cela demande une conscience de l'autre, qui s'entretient dans la conscience du présent. Comment aimer vraiment, en respectant les dix millions d'autres espèces sur terre, sans conscience ni perception ?

Comment ne pas rendre honneur aux océans et à la mer, quand vous percevez le sel que vous mangez comme un besoin et un souvenir du temps où nous vivions toutes et tous dans la mer ?

« Aimons-nous vivant », dit la chanson. Nous pouvons la prendre au sens littéral !

Et comme je suis une écologiste des relations humaines : comment ne pas accueillir le semblable alors que la planète a besoin d'union ? Les politiques de rejet et de discrimination des humains pourraient Minerver !

L'écologie du vivre ensemble, la *deep ecology*, l'écologie relationnelle sont *a fortiori* des politiques sociales. Elles sont reliées à une conception de la grande société du vivant et de la petite des êtres humains fondée sur la solidarité entre espèces et entre humains, la protection du vivant et l'égalité de droits entre tous.

Cela m'amène à la question des lois qui doivent protéger la planète, les plantes et les animaux. En France, l'animal est depuis 2015 reconnu comme « un être vivant doué de sensibilité ». C'était, jusqu'à 2015, « un bien meuble » ! Vous trouvez que moi, la chouette, je ressemble à « un bien meuble » ? Nombreux sont mes congénères qui subissent des maltraitances, dénoncées pourtant par les associations...

Pour l'instant, la Cour pénale internationale ne reconnaît pas le « crime d'écocide » en dépit d'un débat conceptuel qui existe depuis 1947 ; en dépit de toutes les atteintes connues du grand public. L'arbre est considéré par le Code civil français comme un bien immobilier ! « Les fonds de terre et les bâtiments sont immeubles par leur nature » ! Il y a encore du travail à mener.

La lucidité de la chouette passe aussi par la connaissance et la compassion. Quant à l'engagement pour l'écologie, il passe par cette lucidité, non ?

C'est du vécu !

« J'aime me promener dans l'eau : avec simplement un masque et un tuba, rencontrer les poissons, regarder les saupes grignoter la posidonie, remercier l'herbier de la mer qui nous maintient en vie, admirer ces grandes herbes onduler avec le courant, nager au milieu d'un banc d'oblades, écouter le vivant qui cliquette dans les algues brunes... Ne voir personne, sentir le froid sur la peau, revenir à la lumière du ciel pour me réchauffer, poser toute mon attention sur ce monde sous-marin à quelques mètres de la surface, admirer la roche, les petites algues qui ressemblent à de la nacre et le noir franc des oursins. Je me sens poisson avec les poissons et algue avec les algues en me laissant bercer par le courant... Délicieuses rencontres. Ouvrir mes perceptions à tout ce qui m'entoure avec conscience me fait ressentir le nombre et l'intensité des relations que je peux entretenir, pas seulement avec les animaux de mon espèce. Quel que soit l'entre-soi, pour moi, il restreint le degré de conscience... Se retrouver dans un élément moins stable que la terre, avec la faune et la flore aquatique, c'est m'ouvrir à d'autres relations que celles avec les humains. Je crois que cela m'aide aussi avec mes congénères du quotidien. »

Éco-pratique

Aujourd'hui je vous propose une pratique de pleine conscience.

On retrouve l'idée de pleine conscience dans le bouddhisme zen japonais, tibétain et vietnamien depuis des millénaires. Elle est également présente dans le programme Mindfulness-Based Stress Reduction (c'est-à-dire de réduction du stress par la pleine conscience) ou MBSR, conçu par Jon Kabat-Zinn. Ce cycle de huit semaines, comportant des séances de méditation de pleine conscience de deux heures trente, est utilisé dans certains hôpitaux depuis 1979. La pleine conscience est également pratiquée en sophrologie, dont une partie de la racine grecque « phrein » signifie conscience.

Plus nous nous entraînons, plus nous aiguisons notre degré de conscience, nos capacités de concentration et nos perceptions, et donc notre connexion à notre « environnement », dans un rapport pacifique et adapté à la nouveauté qui surgit dans la relation aux autres. La pleine conscience est aussi appelée « samma sati » en sanskrit, l'attention juste. En étant plus présent à soi dans le présent, par la pratique de l'attention juste, nous devenons plus présent à l'autre.

PRATIQUE INTÉGRÉE À UNE PROMENADE : MARCHE DE LA BEAUTÉ DU MONDE

Je m'inspire ici de la marche sophrologique, pour augmenter ma conscience positive vers l'autre. La marche est intégrée à la sophrologie dès que l'on atteint le troisième niveau (sur les douze que compte cette pratique). Elle est très présente, à la fois pour sentir son corps et pour atteindre une dimension plus existentielle. L'exercice que je vous propose ici correspond, lui, au quatrième niveau de la sophrologie caycédienne : celui des valeurs et de la totalité de l'être. Il est nommé «la marche de la nouvelle quotidienneté». L'idée est de regarder autrement, avec plus de conscience, y compris ce que vous connaissez déjà.

- Choisissez un endroit où vous promener, en conscience, sans jugement si possible. Nul besoin d'être dans un paysage naturel, ni de nécessité d'évoluer dans un environnement esthétique. Cela fonctionne partout.

- Vos cinq sens sont ouverts sur l'extérieur, sans recherche de quoi que ce soit. Le but? Cette attention juste de la pleine conscience posée sur ce qui se vit en vous et autour de vous.

- Vous pouvez régulièrement vous arrêter pour :

– vous tourner vers votre intérieur, en fermant les yeux. C'est utile pour ne jamais se perdre de vue, soi, dans la relation;
– entrer en contact avec un élément du vivant ou produit par du vivant. Un pochoir de rue peut être aussi «valable» qu'un arbre ou une fleur;
– passer par un autre sens que la vue pour entrer en contact;
– prendre le temps de vous arrêter pour vivre tout simplement la relation;
– aller vers quelqu'un d'autre;
– remarquer l'ordinaire sous un autre angle;
– ne pas penser à autre chose en même temps;
– vous amuser d'un détail...

On sort du pilotage automatique de la marche non consciente pour un moment savoureux de rencontre.

J'apprends à développer mes perceptions pour un haut degré de conscience. C'est un entraînement de ma conscience parce qu'***« une once de pratique vaut mieux que des tonnes de discours »***, comme le dit Gandhi, leader politique et spirituel, influencé par l'écrivain écologiste Henry David Thoreau, dont la philosophie privilégie l'expérience.

CHAPITRE 2

Calmer mes réactions impulsives et destructrices

Ça Minerve

Connais-tu *Les Quatre Accords toltèques* de l'auteur mexicain Miguel Ruiz? Présenté comme un code de conduite, ce titre, paru en 1997, a connu un succès mondial. «Avoir une parole juste, utilisée à bon escient» est le premier de ces accords toltèques.

Connais-tu les cinq préceptes, les cinq «gokaï du reiki», rédigés par Mikao Usui? Nous en retiendrons trois ici. «Ne te mets pas en colère, exprime ta gratitude envers autrui, sois bon envers tout ce qui vit.» Ces préceptes commencent tous par «juste pour aujourd'hui». Sur une journée, cela semble déjà exigeant!

Connais-tu les cinq entraînements au dharma du bouddhisme zen? Le quatrième est «la pratique de l'écoute profonde et de la parole aimante pour rétablir la communication et se réconcilier». L'utilisation du terme «entraînement» souligne clairement que cela demande un effort!

Connais-tu, enfin, les quatre principes de la communication non violente de Marshall Rosenberg? Observer... exprimer son sentiment... puis son besoin... faire une demande sincère... C'est une technique de communication enseignée pour améliorer la manière de nous adresser à autrui... Qui dit technique, dit protocole à suivre!

Eh oui, l'écologie relationnelle ne semble pas naturellement aisée dans le vivre ensemble des humains! C'est une écologie de la pensée et de la parole envers autrui, une véritable capacité de la relation et de l'expression. Et c'est une bonne nouvelle! On peut toujours développer de nouvelles aptitudes. De nombreux systèmes de pensée sont là pour nous guider. Autre bonne nouvelle : tout le monde aspire à de bonnes relations, à une parole et une attitude justes!

Ce que t'apprend, à toi humain, la communication non violente, c'est qu'une technique relationnelle ne fonctionne que si nous sommes en connexion empathique avec l'autre. Imaginons un humain adoptant avec son fils ou sa fille adolescent(e) les bases de la communication non violente. Cela donnerait :

« Ma chérie, mon chéri,

1. Ta chambre n'est pas rangée (le fait observé).
2. Je me sens envahi(e) (le sentiment exprimé).
3. Parce que j'ai besoin d'un peu d'ordre dans la maison, afin de respirer et de me détendre (le besoin ressenti).
4. Serais-tu d'accord pour participer à cette mise en ordre globale de la maison (la demande de coopération) ? »

Évidemment, c'est mieux que « Range ta chambre, y en a marre de ton bordel ! » à la condition de vouloir communiquer sans violence, et de rester empathique et sincère. L'empathie, l'amour, la bienveillance, la compassion seront toujours les clés essentielles à l'écologie de la relation saine. La primauté du cœur.

Ne serait-ce pas déjà de la spiritualité écologique que de placer l'être avant l'avoir et l'amour comme moyen d'espérance ?

Ça pourrait Minerver quand le marketing et la politique galvaudent ce beau terme de « bienveillance » ! Il prend alors la forme d'une injonction morale, à des fins consuméristes. Mais le discours bien-pensant, qui fait de la bienveillance une règle dans les relations ou le marronnier du développement personnel, pourrait Minerver lui aussi…

Quant au discours moral des religions sur le pardon, il pourrait tout autant Minerver… comme celui de certains praticiens qui prétendent qu'il est indispensable à la libération et à la résilience. Vous pardonnez, si vous voulez, et si c'est votre étape !

Gardez votre liberté en tout, c'est la base de votre écologie spirituelle !

Éco-pratique

Aujourd'hui nous allons utiliser l'autohypnose pour réguler nos comportements ou améliorer nos relations.

Vous allez explorer un fonctionnement intérieur en utilisant votre inconscient, afin d'agir sur des réactions qui vous échappent habituellement. L'autohypnose, c'est comme un outil de pouvoir sur soi exercé par soi-même, avec curiosité et beaucoup d'amour. Nous allons utiliser l'analogie, autrement dit le passage par l'histoire et l'image. L'inconscient se présente aisément sous une forme imagée et l'enfant que nous étions avait beaucoup de facilité à dialoguer avec. Alors, en tant qu'adulte, retrouvons ce plaisir de passer par l'imaginaire…

C'est du vécu !

« Je me souviens de "l'homme est un loup pour l'homme" ou "l'enfer, c'est les autres" en cours de philo... Ce sont des phrases d'hommes désespérés ou dépressifs ! Mes parents m'ont appris à avoir confiance en l'autre et à aller vers lui et cela m'a servi bien davantage. J'ai été trahie plusieurs fois mais je n'ai pas perdu ma confiance en autrui. C'est une grande force dont j'ai hérité. J'enseigne la même chose à mes enfants. Pour notre famille, la confiance en l'autre et la confiance en soi sont en interrelation constante. Si je perdais ma confiance en l'autre, je perdrais aussi ma confiance en moi. »

COMMENT ÇA MARCHE ?

Plusieurs parties de nous-même s'opposent parfois. Nous aimerions être aimables et faire preuve de patience, mais il nous arrive de nous montrer brutaux avec les autres. Et notre volonté ne suffit pas à passer de la rudesse à l'amabilité, parce que, sur le moment, nous n'en avons pas toujours envie. Nous affichons bien, pourtant, le désir d'être la meilleure partie de nous-même !

Dans un état hypnotique, il est plus aisé d'aller dialoguer avec ce comportement (qu'on exprime souvent par « c'est plus fort que moi »). Il est plus simple de faire advenir cet autre qu'on souhaiterait voir plus présent dans les relations.

PRATIQUE D'AUTOHYPNOSE : VIVRE AVEC MES PARTIES INCONSCIENTES POUR MIEUX VIVRE AVEC LES AUTRES

- Entrée en hypnose douce… Auto-induction… Vous commencez par porter votre attention sur votre détente progressive de la tête, du thorax, puis du ventre.

- Vous pouvez garder les yeux ouverts pour l'instant. Prenez conscience de votre main droite et de ses sensations. Si vous le souhaitez, regardez-la avec curiosité, un peu comme si elle était détachée du reste de votre corps, comme si elle vous était extérieure ; comme un objet de concentration.

- Respirez profondément et concentrez-vous le plus possible sur votre main. Puis lors d'une expiration très agréable, fermez les yeux.

- Autosuggestion. Votre inconscient regroupe des parties de vous-même. On sait maintenant, grâce aux neurosciences, que l'inconscient n'est pas un tout mais plutôt une multitude de parties de soi, avec ses raisonnements propres, qui peuvent être inconnus de la conscience. On peut apprendre des choses sur soi dans un rêve, par exemple !

- Rencontrez ces parties de vous-même grâce à l'imaginaire, car c'est une faculté de l'esprit à la frontière entre conscience et inconscience… pourvu qu'on rentre dans l'histoire.

- Connaissez-vous l'histoire d'*Alice au pays des merveilles*? Fermez les yeux maintenant. Vous traversez, vous aussi, un miroir ou un passage secret… et vous arrivez dans un endroit de votre imagination dans lequel il est agréable d'être, en sécurité… C'est aussi agréable que d'arriver à destination quand on part en vacances.

- Vous êtes bien dans ce lieu, où vous sentez une présence qui vous semble instinctivement familière, même si vous ne la connaissez pas. Elle est la représentation pacifique (sous la forme d'un animal, par exemple) de cette partie de vous qui est parfois mal à l'aise dans les relations, crispée, ou qui répond à une situation par de l'impulsivité. Rencontrez-la. Demandez-lui quel est son besoin. Et laissez-la vous parler de ce qui la gêne ou de ce qui la contrarie… Écoutez-la. Cette part de vous sait ce qui, en vous, pourrait l'aider. Elle est votre guide, votre alliée dans ce voyage. Elle vous emmène.

- Vous découvrez ensuite un autre personnage. Peut-être est-ce un animal, ou une forme humaine, posée, paisible, sage… Une figure rassurante. Celle qui peut vous aider dans vos relations. Elle peut avoir les attributs nécessaires à une attitude, un jugement ou une parole justes. Elle vous invite à vous approcher. Vous fusionnez un temps avec elle, tout en restant vous-même. Et vous voyez le monde par ses yeux et par son corps, en sentant cette maîtrise intérieure.

- Vous êtes là aussi et cette partie vous parle, vous adresse un message aidant pour garder la justesse de votre attitude envers autrui. Vous écoutez.

- Dès que vous en ressentirez le besoin, vous pourrez ensuite fusionner à nouveau avec cette partie de vous-même et vous souvenir de son message.

- Un peu comme on revient d'un voyage, prenez le chemin du retour. Remerciez les deux parties de vous-même qui vous ont guidé(e), parlé, apporté des ressources… Vivre ensemble se passe aussi à l'intérieur de soi : ressentez de la gratitude à l'égard de vos parties inconscientes. Elles sont là quand vous êtes en relation avec l'extérieur de vous, avec d'autres humains. Ils ont, eux aussi, plusieurs parties inconscientes qui cohabitent avec leur conscience… Nous sommes nombreux dans nos relations !

- Gardez votre main, présente. Elle peut conserver certaines sensations quelques instants.

MÉDITATION DE LA FORÊT

- Imaginez que vous marchez sur une plage déserte au bout du monde. Le ciel est bleu. Le soleil lumineux vous chauffe les épaules.

- À votre droite, l'océan, à perte de vue. Infini, calme. À votre gauche, la forêt, épaisse.

- Vous apercevez un chemin, vous le prenez et entrez dans la forêt dense. Vous ressentez la fraîcheur des lieux, vous levez les yeux et voyez la voûte des arbres. Observez leur diversité, le camaïeu de vert des feuillages. Entendez les bruits de la forêt et le joyeux chant des oiseaux.

- Sentez l'énergie des arbres vous envahir. Des grands pins, des sapins verts, des fougères… Sentez le parfum enivrant de l'humus, de l'herbe, de la terre gorgée d'humidité. Vous touchez un tronc accueillant et sentez l'arbre vibrer, respirer… Vous respirez au même rythme.

- Puis, soudain, une clairière dégagée, inondée de lumière, se présente au bout du chemin. Vous avancez et vous vous asseyez dans l'herbe. Vous fermez les yeux. Vous vous sentez calme, paisible.

- Les bruits s'estompent dans le lointain, une sensation d'harmonie vous envahit, un sourire apparaît sur vos lèvres. Vous êtes en paix.

J'apprends à maîtriser mes réactions nocives pour mon entourage. Ma façon de vivre mes émotions fait des ronds dans l'eau et se répand sur le monde. Comme on peut le lire dans le manifeste du Courant pour une écologie humaine qui existe depuis 2013 :

«Les êtres humains sont fondamentalement interdépendants. [...] L'être humain a besoin d'autrui pour survivre, être protégé, se connaître et se développer. [...] Ainsi se définit la solidarité de la famille humaine.»

CHAPITRE 3

Conscientiser ce qui s'échange dans mes relations

Ça Minerve

Il est intéressant de sentir ce que l'on donne et ce que l'on reçoit dans une relation. Ce que l'on nous vole parfois, ce que l'on vole aussi. La tradition chamanique parle de « vol d'âme », lorsque notre énergie a été prise par quelqu'un pour augmenter sa force ou d'« échange de bouts d'âme » avec ses proches, enfants, parents, conjoint(e), ami(e)s... Le ou la chamane va récupérer les âmes volées ou « échangées » là où elles sont pour les rapporter à l'être dépositaire de cette âme, dans cette vie. C'est un travail qui se fait avec les alliés du monde invisible ; parfois avec des animaux qui voient dans la nuit, comme moi ! Une relation existe, y compris avec l'invisible, quand l'intentionnalité est réciproque.

Les relations se vivent donc dans l'échange. Elles sont une grande source de bonheur quand elles sont positives ; les négatives rendent malade et triste. Il s'agit donc d'une question d'importance ! Existe-t-il une relation écologique ? Elle ne l'est pas quand elle est violente et abusive, despotique, dominatrice. C'est bien pourquoi l'espèce humaine, dans ce qu'elle manifeste globalement et dans le bilan que nous en tirons aujourd'hui, n'est pas dans une relation écologique avec le reste de la nature. Je vois bien que de nombreux humains comprennent déjà l'importance de mettre de la conscience dans leurs relations en général.

On parle de bilan carbone ; on pourrait l'associer au bilan relationnel. Comment polluons-nous nos relations ? Et comment les « décarboner » quand elles en ont besoin ? Dans la sagesse du « ho'oponopono », on purifie en prenant la pleine responsabilité de ce qui nous arrive et en demandant pardon ; cela advient parfois en communauté. Ça peut Minerver, le « c'est la faute de l'autre », et le mode « Calimero » ! La vieille sagesse polynésienne qui régit les relations communautaires demande quant à elle, au contraire, de beaucoup assumer. L'avantage de cette philosophie est qu'elle libère autant celui qui pardonne que celui qui est pardonné. Mais ne faisons peut-être pas du pardon une règle non plus… Les modèles religieux qui l'instaurent comme une vertu suprême peuvent être nuisibles eux aussi ! Parfois, la psyché a besoin de ne pas pardonner (ou pas tout de suite) pour sortir d'une relation toxique ou se remettre du pire…

Et si nous prenions mieux conscience de ce qui se joue dans nos relations ? Avons-nous une tendance à nous comporter en victime ? En sauveur ? En persécuteur ? Le triangle de Karpman est une figure d'analyse transactionnelle proposée en 1968 par Stephen Karpman, médecin et psychiatre à l'université de Californie à San Francisco. Il met en évidence un scénario relationnel typique entre victime, persécuteur et sauveur. Nous pouvons toutes et tous adopter l'une des trois positions et quitter un cercle vertueux relationnel pour un triangle toxique. Nous reconnaissons-nous dans l'un de ces rôles dans nos relations parent/enfant ? Au travail ? Dans le couple ? Avons-nous un côté « enfant rebelle » lorsque nous avons été trop soumis ? Un côté « enfant soumis » qui se « sur-adapte » à certaines situations, quitte à aller au-delà de nos limites ? Un côté « parent bienveillant » qui soutient, encourage, voire materne un peu trop… ou « normatif » qui encadre, légifère, voire castre la liberté de l'autre ?

De la conscience, de la conscience, toujours de la conscience et de la tendresse !

Éco-pratique

Je vous propose aujourd'hui d'expérimenter une vieille sagesse polynésienne, revisitée et simplifiée. Elle est très libératrice et permet de sortir d'une relation conflictuelle avec soi ou avec l'autre. Je parlerai ici « d'écologie de restauration » comme lorsque l'on diffuse des ondes de paix dans une zone de guerre, ou que l'on plante des arbres là où la forêt a souffert.

Cette technique, initialement communautaire, est faite pour aider à l'harmonie des relations en faisant appel au « mana », à la part de lumière en soi, au divin, selon la mythologie polynésienne. On peut l'utiliser à plusieurs, en groupe, en famille, au sein d'une communauté d'intérêts... ou en mode plus méditatif, pour soi-même.

C'est du vécu !

« J'ai pleuré d'écœurement et de détresse lorsque j'ai découvert le génocide du patrimoine et des âmes des peuples premiers par les Américains et les Canadiens au XX*e siècle, le vol des enfants à leur famille, les pensionnats de l'horreur. Les viols, sévices, maltraitances qui avaient pour but de "tuer l'Indien"... J'ai pleuré d'émotion et de compassion en découvrant que des biologistes étaient allés sur le lieu de ces violences aux États-Unis planter de l'avoine odorante, cette plante sacrée pour les Indiens. C'était tellement beau d'imaginer que refleurit cette plante, essentielle aux relations de ces peuples premiers avec leurs cultures et leur lien au vivant, sur le lieu même des pires souffrances. »*

PRATIQUE ÉCOLOGIQUE DE RESTAURATION : HO'OPONOPONO

Cette pratique comporte quatre étapes :

1. Je suis désolé(e).
2. Pardon.
3. Je t'aime.
4. Merci.

Ces étapes peuvent être complétées en fonction de la situation et de la personne à qui vous vous adressez, de façon complètement sincère. Prenez la pleine responsabilité de la situation pour y remettre de l'ordre et de l'harmonie. Quelques exemples :

Après une dispute avec votre enfant :

- Je suis désolé(e) de m'être énervé(e).
- Pardon d'avoir perdu patience.
- Je t'aime.
- Merci d'être mon fils ou ma fille que j'aime.

Après un heurt avec un collègue :

- Je suis désolé(e) d'avoir réagi impulsivement.
- Pardon de t'avoir manqué de respect.
- Je t'apprécie et j'aime travailler avec toi.
- Merci pour ton travail.

Grâce à cette démarche écologique de bonnes relations, on apporte paix et amour dans une communauté familiale, associative, professionnelle, amicale. La première personne avec laquelle nous avons des relations permanentes, c'est nous-même. Alors, pourquoi ne pas se dire ces mots, pour soi et à l'intérieur de soi ? Par exemple :

- Je suis désolé(e) de ne pas toujours me respecter et d'en faire trop.
- Je me demande pardon de ne pas prendre le temps de me poser et de m'occuper de moi.
- Je suis mon ami(e), je m'aime en ami(e).
- Merci pour tout ce que je fais déjà.

Qui n'a pas à se pardonner soi-même ? On souffre tellement lorsque l'on s'en veut, n'est-ce pas ? Le ho'oponopono a ceci de merveilleux qu'il nous reconnecte avec cette partie sensible de nous-même, empathique avec soi d'abord et avec les autres, tout en nous éveillant à notre responsabilité, sans nous blâmer ni nous humilier.

Cette tradition nous est désormais accessible, grâce au retour de l'intérêt occidental pour les spiritualités millénaires, mises à mal au préalable par des années d'évangélisation et de brimades par la pensée dominante. Profitons de cette sagesse du mana!

YOGA NIDRA

- Installez-vous sur votre tapis, allongé(e) sur le dos ou comme votre corps vous le permet, les jambes écartées de la largeur de votre bassin, les pieds retombant vers l'extérieur, les mains le long du corps, les paumes tournées vers le haut.

- Prenez une position confortable. Positionnez votre couverture afin d'être à l'aise et de rester immobile pendant toute la séance.

- Détendez votre corps. Sentez-le s'enfoncer dans le tapis. Il est de plus en plus détendu. Inspirez profondément et rejetez les tensions à chaque expir.

- Répétez cette respiration profonde trois fois. Prenez conscience de votre place dans la salle. Écoutez les bruits à l'extérieur de la pièce. Déplacez votre attention d'un bruit à l'autre. Recentrez-la ensuite sur les sons les plus proches de vous, sur les bruits de la pièce.

- Intensifiez votre conscience de cette pièce. Sans ouvrir les yeux, visualisez les murs, le plafond, le sol et visualisez-vous à l'intérieur de cette pièce, installé(e) sur votre tapis. Peut-être vous souvenez-vous d'un détail, d'un tableau accroché au mur...

- Prenez conscience de votre corps allongé sur le sol, et des points de contact de votre corps avec le sol. Les talons et le sol. Les fessiers et le sol. Les omoplates et le sol. L'arrière de la tête et le sol. Sentez le bout de vos doigts. Le contact doux de vos paupières sur vos yeux. Sentez le contact léger de vos lèvres l'une sur l'autre.

- Prenez conscience de votre respiration naturelle, de l'air qui entre et qui sort de vos narines. Sentez comme votre ventre monte à l'inspir et descend à l'expir. Prenez conscience du trajet du souffle de votre gorge à votre nombril. Et de votre nombril à votre gorge. Comme une grande vague qui monte et qui descend.

- Je vais invoquer une série d'images. Faites-les émerger dans l'espace noir qui se situe derrière votre front. Visualisez et ressentez ces images comme si elles apparaissaient sur un écran de cinéma :
– Un arc-en-ciel au-dessus d'une cascade.
– Un oiseau dans le ciel.
– Un minuscule œuf d'or dans l'herbe verte.

- L'eau qui coule.
- Sur l'eau, une grande fleur de lotus rose se balance.
- Une montgolfière rouge qui monte dans le ciel.
- Dans le potager, des fraises qui mûrissent au soleil.
- Le soleil à son zénith sur une plage.
- Des empreintes de pas dans le sable.
- Un chêne avec de profondes racines.
- Le vent dans les branches.
- La mer qui s'étend à perte de vue.

• Imaginez maintenant que vous marchez, seul(e), sur une plage déserte. Le ciel est bleu, le soleil vous chauffe agréablement la peau. Un doux parfum de fleurs flotte dans l'air. Des oiseaux chantent. À votre droite, à perte de vue, la mer, infinie, calme et tranquille. Sur la plage, vous apercevez une barque. Elle est légère. Vous la faites glisser sur le sable jusqu'au bord de l'eau. L'eau vous lèche les pieds. Vous vous sentez bien. Vous vous installez confortablement dans la barque. Son fond est moelleux, cotonneux. Vous vous allongez et vous détendez. La barque vous porte délicatement sur l'eau. Vous vous laissez bercer par le léger clapotis des vagues. Vous fermez les yeux. Vous vous sentez calme et serein(e).

• Quand vous rouvrez les yeux, vous découvrez une merveilleuse nuit étoilée, avec en son centre une pleine lune. Tout autour on peut entendre le son du « om », le chant du « om » sur l'océan infini.

• Continuez à ressentir cela. Vous êtes doucement balancé(e) sur les eaux, les étoiles et la lune vous éclairent. Une sensation d'harmonie et de paix vous envahit. Un sourire apparaît sur vos lèvres. Vous êtes confiant et confiante. Effacez toute image et ne gardez que ce sentiment de confiance et de joie.

• Reprenez doucement conscience des points de contact de votre corps avec le sol. Talons et sol. Mollets et sol. Fessiers et sol. Omoplates et sol. Arrière de la tête et sol. Tout l'arrière du corps en contact avec le sol. Visualisez votre corps dans le lieu où vous êtes. Prenez conscience de votre environnement, de la salle, des bruits qui vous entourent. Reprenez contact avec vos sensations corporelles. Ressentez vos mains, vos jambes, vos pieds.

• Commencez à bouger lentement. Ouvrez les yeux doucement et asseyez-vous.

J'apprends à prendre conscience de l'impact de ce que je renvoie à mon environnement et à me protéger des pollutions relationnelles.
Je participe à mon harmonie intérieure et à celle de ma communauté.
J'agis avec humanité. ***«La seule solution est de panser les plaies de la planète et, ce faisant, de nous réapproprier notre humanité en suscitant l'espoir à l'égard du seul avenir qui puisse être le nôtre... Tel est le défi du prochain stade de notre évolution. Si nous nous éveillons à notre propre intelligence ainsi qu'à l'intelligence de la planète et de l'Univers tout entier, alors nous ne nous abandonnerons ni au désespoir... ni à l'orgueil...***[7] ***»***, écrit Vandana Shiva.

CHAPITRE 4

Me conscientiser à égalité avec les autres espèces du vivant

Ça Minerve

Ce qui pourrait Minerver, disons-le tout de go, c'est le spécisme, cette idéologie selon laquelle les êtres humains ont naturellement droit à plus de privilèges que tous les autres animaux. Pourquoi l'Homo sapiens serait-il en soi supérieur aux autres ? C'est aussi stupide que d'établir une hiérarchie entre hommes et femmes, entre personnes valides et handicapées ou entre pratiquants d'une religion et d'une autre… Rien ne peut justifier cela. Bien sûr, nous sommes toutes et tous différents mais personne n'est supérieur à l'autre, au sein de l'espèce humaine comme à l'extérieur. Je ne suis pas supérieure à l'humain, bien que je sois une chouette réputée pour ma sagesse et ma clairvoyance ! Comme tous les êtres vivants, je suis née dans un corps composé de cellules ; je me développe ; j'ai des émotions, une sensibilité ; je communique avec autrui, et un jour je vais mourir…

Quand je me considère comme l'égal des autres espèces, je me respecte et je les respecte davantage. Se souvenir de ce que nous avons en commun nous ouvre à l'estime de l'autre et à la compassion face à sa souffrance. La qualité de ma propre vie dépend de celle de l'autre.

Je veux garder espoir sur la capacité de l'humain à se sentir à la fois différent et égal des autres espèces, pour un meilleur traitement du vivant en général…

Éco-pratique

Nous provenons toutes et tous d'une cellule germinale : tous les êtres vivants sont composés de cellules. Nous avons en nous toute l'évolution du vivant : un peu du poisson, des animaux terrestres, des ancêtres de l'Homo sapiens. Cela s'appelle « la phylogenèse ». À partir du moment où nous avons conscience de notre existence cellulaire, nous avons une conscience plus fine du vivant en nous, commun à toutes les espèces vivantes. Nous ne sommes pas si différents des arbres, des poissons et des autres animaux. « Il ne faut jamais perdre de vue qu'à un pour cent près, nous sommes tous des chimpanzés », nous rappelle Éric Plamondon dans *Taqawan*.

C'est du vécu !

« Quand je me relie à l'énergie de vie que j'ai, je contemple chaque cellule comme une petite unité vivante avec sa membrane, son système cardiaque, respiratoire, digestif et même son cerveau. Si je médite sur la présence des cellules dans mon corps, cela me donne beaucoup de force et de conscience. Si je médite sur le noyau, je peux contempler l'énergie intrinsèque aux chromosomes ou au code génétique. Je le vis sur le plan énergétique. Les êtres vivants ont cette énergie de vie depuis leurs origines et cette capacité de développement au cœur de leur cellule. C'est fantastique ! Je regarde avec émerveillement les plantes qui poussent chez moi et mes compagnons chien et chat ! »

PRATIQUE : MÉDITATION DE LA GRATITUDE

Aujourd'hui je vous propose de vivre cet affect très positif qu'est la gratitude, pour remercier ces cellules vivantes qui fonctionnent en nous, qui nous permettent de vivre sans que l'on n'ait rien à faire de particulier, si ce n'est boire, manger, dormir et nous assurer un minimum de sécurité. Nous allons donc méditer ensemble sur nos cellules et les remercier.

- Prenez une position méditative dans laquelle votre assise est reliée à la terre et votre tête légèrement attirée par le ciel. Sentez votre colonne qui vous érige majestueusement entre terre et ciel. Respirez agréablement dans le véhicule de votre âme qu'est votre corps. Descendez un peu plus profondément dans votre respiration, dans votre corps et dans ses sensations. Activez la présence de votre énergie cellulaire en chantant le son « om » par exemple plusieurs fois, de façon bien audible, avec cette intention de stimuler la présence énergétique de votre corps. Arrêtez ensuite de chanter et continuez de ressentir la vibration à l'intérieur de votre corps, comme si vos cellules vibraient d'énergie.

- Prenez conscience des milliards de cellules à l'intérieur de vous constitutives de votre être vivant. Dans vos respirations, manifestez votre gratitude à leur égard. Elles vous permettent de fonctionner, de vivre, de sentir, de réfléchir, d'émettre des mouvements. Remerciez vos cellules saines.

- Encouragez-les, soutenez-les, de façon à aider et à renforcer votre corps. C'est un temps méditatif de remerciement. Puis prenez conscience de cette présence cellulaire dans tous les êtres vivants qui sont autour de vous…

- Gratitude pour tout ce vivant autour de soi et en soi. Conscience du mouvement cellulaire perpétuel en soi et autour de soi. Conscience des cellules desquelles prendre soin. Je prends soin de mes cellules comme je prends soin de celles des autres vivants. Mon corps cellulaire est le véhicule de mon âme, de mon esprit, de mon cœur. Par ma façon d'agir, de réfléchir, de parler, j'ai une influence consciente sur mes cellules et celles des autres. Je suis l'environnement des autres.

«L'écologie […] s'est paradoxalement restreinte à une rationalité qu'il s'agit de compléter désormais par des approches davantage inhérentes au vivant[8]», écrit Jacques Tassin, chercheur en écologie végétale.

Je suis intégré(e) à un processus créatif, vivant, plus large que moi, et présent en moi.

Je me relie au sensible de tout être vivant.

CHAPITRE 5

Sentir ma liberté d'être humain et mon libre arbitre comme une ressource écologique

Ça Minerve

Quel est le remède contre l'éco-anxiété ? C'est notre liberté d'action et notre libre arbitre qui luttent le mieux contre le sentiment d'impuissance qui nous submerge parfois à cause de l'actualité de la planète. Toute notre vie, nous n'avons cessé de développer des capacités. Nous continuons à le faire dans le présent. D'autres seront développées dans notre futur. C'est parce que nous avons le choix et la possibilité de réfléchir sur nos choix que nous pouvons, non pas sombrer dans l'éco-anxiété, mais exercer notre éco-liberté ! Luttons contre le repli sur soi et la résignation ! En contactant l'autre (quelle que soit son espèce) avec amour et altruisme, en se sentant libre d'agir sur sa vie, de voter, de consommer en conscience, nous nous engageons déjà sur une voie qui stimule l'énergie. Célébrons les choix conscients, ils sont inhérents à votre espèce ! On les retrouve aussi chez d'autres espèces : c'est si touchant ces chauves-souris qui décident de donner à toute la communauté de la nourriture, qu'elles pourraient garder pour elle ou juste pour leur famille. Bravo à notre force vitale de vivants et à notre libre arbitre, tout aussi vital !

En revanche, je n'impute pas la responsabilité de l'écologie à notre seule liberté… Ça pourrait Minerver les discours néo-libéraux sur la capacité de chacun à être libre de sa vie et de son bien-être ! C'est pratique pour le dédouanement des États ! On le sait : la démocratie est nécessaire à l'exercice du libre arbitre. La volonté des États doit être une ressource écologique. Les écopratiques de ce livre n'annulent donc pas la responsabilité politique des gouvernements, qui se doivent d'assurer le rétablissement de la santé du monde et la remise en cause du système libéral. Je ne voudrais pas que la tâche du changement social vous incombe, suite à de fausses idées ou techniques miracles d'un guide ! Ça Minerverait qu'on puisse croire que la liberté ne dépend pas d'un contexte extérieur, que tout tient à notre psychologie positive par exemple, en pleine austérité politique ! Donc, favoriser un sentiment de libre arbitre qui soutienne votre force vitale oui, mais faire peser sur vos épaules le poids du changement écologique, attention !

Éco-pratique

Aujourd'hui, je vous propose une séance très apaisante de sophrologie profonde, dans laquelle nous allons invoquer le sentiment de liberté, la sécurité intérieure et la capacité de changement… Mettez-vous en position assise, les pieds au sol.

C'est du vécu !

« J'ai le vertige quand je lis les actualités. Je me sens parfois noyée par toutes les informations catastrophiques... Ma planche de salut, c'est de me souvenir de mon libre arbitre. Même si ce que je peux faire n'est pas suffisant, j'ai la liberté de le faire et c'est beaucoup ! Sinon je me perdrais dans un sentiment d'impuissance. J'essaie aussi d'entretenir ma joie comme moyen de lutte. J'ai vécu des choses très difficiles dans ma vie, mais je viens d'un pays où la joie est une façon d'être résilient et de maintenir sa liberté active. Tout est toujours possible à son échelle. Je garde cela comme philosophie. »

PRATIQUE : LA RELAXATION DE LA LIBERTÉ

- Détendez complètement le visage et la tête, en ayant conscience de votre visage et de votre tête. Relâchez le cou, les épaules, les bras, les mains, les doigts et prenez conscience des différentes parties de votre corps que vous relâchez. Détendez votre thorax, le haut de votre dos, l'intérieur de vos bras, le creux des mains, le bout des doigts et prenez conscience de votre thorax que vous relâchez. Détendez le ventre, l'abdomen, et prenez conscience du ventre et de l'abdomen que vous détendez. Relâchez le bassin, les jambes et les pieds, et prenez conscience du bassin, des jambes et des pieds que vous détendez. Relâchez le corps tout entier, et prenez conscience du corps tout entier que vous relâchez.

- Laissez-vous aller : bâillez, soupirez, détendez votre corps et votre esprit. Puis, évacuez tout ce qui est de l'ordre du stress ou des inconforts, des crispations; tout ce qui peut vous être négatif et pesant.

- Vous sentez votre tête. Soufflez par la bouche, à votre rythme. Inspirez par votre nez, retenez l'air; vous ressentez votre visage, votre tête, les tensions, les crispations. Soufflez par la bouche et évacuez-les. Une deuxième fois : soufflez par la bouche, inspirez par le nez, retenez l'air, ressentez votre visage et votre tête et à l'expir, évacuez. Ensuite, ressentez votre cou, votre nuque, vos épaules, vos bras, vos mains, vos doigts : la deuxième partie de votre corps. Soufflez par la bouche à votre rythme. Inspirez, retenez l'air. Ressentez votre cœur, vos épaules, vos bras, vos mains, vos doigts et à l'expir, évacuez.

- Ressentez dans votre thorax vos oppressions, vos tensions, la pression, bref tout ce qui peut être désagréable. Soufflez bien pour l'évacuer. Laissez-vous ensuite aller à bâiller, soupirer, de façon que toutes les tensions inutiles du thorax puissent vraiment s'en aller. Une deuxième fois : soufflez par la bouche et inspirez, retenez l'air. Ressentez toutes les tensions thoraciques que vous évacuez bien à l'expir. Bâillez, soupirez, relâchez au maximum. Détendez ensuite le ventre et respirez par le ventre, cela vous détend et favorise votre sécurité intérieure. Installez une sorte de force tranquille par la respiration ventrale.

• Très bien. Faites ensuite descendre votre respiration, un peu comme si vous respiriez au niveau des ovaires ou des gonades, de façon que la respiration soit vraiment la plus basse possible. Cela vous permet de vous asseoir, de bien vous sentir aussi à votre place, de prendre vraiment votre place. Continuez de respirer de façon très basse, comme si vous vouliez renforcer un peu votre centre de gravité. Cela vous détend, cela solidifie l'aplomb. Il y a quelque chose de posé quand vous respirez de façon très basse. Soufflez par la bouche, puis inspirez. Retenez l'air, ressentez bien la base du corps, et à l'expir, chassez toutes les tensions de la base. Une deuxième fois : soufflez par la bouche, inspirez, retenez l'air; ressentez la base du corps jusqu'au bout des pieds et à l'expir, évacuez. Sentez maintenant votre corps en entier, avec toujours cette respiration dans la base, dans la région de la sécurité physique et psychique. C'est pour cela que nous prenons bien le temps de la stabiliser et de la détendre.

• Soufflez par la bouche. Inspirez, retenez l'air, ressentez le corps tout entier; et à l'expir, pour évacuer. Une deuxième fois : soufflez par la bouche, inspirez, retenez l'air, vous ressentez le corps tout entier; soufflez pour évacuer.

• Vous allez maintenant vous apporter beaucoup de sécurité et de confiance. Vous êtes face à une porte blanche. Derrière elle se trouve un univers extrêmement agréable, sécurisant, détendant, confortable. Passez la porte quand vous le souhaitez. Vous arrivez dans un espace particulier, qu'il ait des couleurs ou non. Vous vous trouvez vraiment bien dans cet univers, vous êtes détendu(e), bien relaxé(e). Le moment est très agréable, empli de confiance, d'amour, de sécurité, de bien-être. Vous êtes relaxé(e). Il n'y a aucune contrainte dans cet univers, il n'y a rien à faire de particulier. Vous êtes là et ça suffit. Vous êtes extrêmement bien. Un sentiment de plénitude vous envahit. Vous êtes complètement entouré(e) de bien-être, d'harmonie, de sécurité, de détente, de confort. Le cœur est léger, la tête aussi. Le mental lâche. Le corps se relâche. Vous faites provision, ici, dans cet espace, de confiance, de sécurité, d'harmonie, de bien-être, de lâcher-prise. Vous répondez ainsi aussi à des besoins profonds d'apaisement, de calme, de restauration, de liberté.

• Vous pouvez maintenant vous connecter à toutes vos ressources intérieures. Vous êtes directement relié(e) à un sentiment très agréable de sécurité de dignité, de liberté. Vous ressentez la présence de toutes vos capacités, celles qui existent et celles que vous développez. Vous êtes libre de développer toutes les capacités que vous souhaitez. Vous ressentez en profondeur vos aptitudes à faire des choix qui sont bons pour vous, et peut-être aussi pour la planète, le ciel, l'air, le climat et tous les êtres vivants. Vous ressentez votre libre arbitre comme une faculté enthousiasmante, stimulante, joyeuse et pleine d'espoir.

- C'est avec ce ressenti profond, libre et capable, que vous allez pouvoir sortir de votre séance avec un regain d'énergie et d'optimisme pour les choses qui vous concernent.

- Prenez maintenant le temps de respirer profondément trois fois, en rassemblant votre conscience le plus possible dans l'instant présent et dans votre corps. Bougez les orteils, les chevilles, les jambes, le bassin, le ventre, les mains, les bras, les épaules, le cou, le visage au fur et à mesure, selon vos capacités physiques. Étirez-vous si besoin avant d'ouvrir vos yeux.

Mon libre arbitre est une capacité
enthousiasmante, stimulante, joyeuse
et pleine d'espoir.

CHAPITRE 6

Sentir ma liberté couplée à ma responsabilité comme une force

Ça Minerve

Chez les humains, j'aime beaucoup l'activiste Greta Thunberg. Elle a bien secoué le monde, interpellé les politiques et la conscience de chacun, notamment avec son célèbre « Comment osez-vous ? » Et toi ? Ses interventions t'ont-elles rendu(e) plus responsable ? Ce qui est sûr, c'est qu'il n'y a pas de responsabilité sans conscience. Et comme le dit Greta : « La plupart des gens que je connais ou que je rencontre n'ont même pas entendu parler des boucles de rétroaction, des points de basculement, ou des réactions en chaîne. C'est pourtant crucial pour comprendre le fonctionnement du monde. » En prenant pleinement conscience des causes et des impacts du réchauffement climatique, cela nous donne une responsabilité, qui peut causer de l'anxiété certes, mais qui peut aussi nous donner des priorités, donner sens à notre existence et nous permettre d'agir à notre niveau pour aider la planète. Évidemment, en tant que chouette, je préfère la clairvoyance ! Même si cela doit engendrer de l'anxiété.

Tu as un moyen d'action : l'indignation et le comportement humain ! Selon le principe d'interdépendance, tu peux participer à un cercle vertueux d'amélioration, par des habitudes durables. Tu as la capacité de t'adapter donc de changer ton paradigme et ta mentalité et de créer une vraie transformation, individuelle au départ, qui influera ensuite sur le collectif.

Avec du courage, avec de l'empathie, tu peux modifier ton comportement, tes relations et ton langage. Tu es un être conscient, tu as donc la capacité de réfléchir à ta mentalité d'aujourd'hui, de te laisser secouer par une Greta Thunberg ! Tu es apte à faire advenir un vrai changement sans te laisser décourager… Je ne te parle pas de Pierre Rabhi, tout le monde le connaît, comme on connaît tous l'histoire du colibri…

«La responsabilité n'implique pas le blâme pour le passé, cela est tout aussi inutile que la culpabilisation. C'est avec de la créativité que nous pouvons changer! Ne perdons pas espoir en l'humanité.» Ce n'est pas moi, la chouette, qui le dis, c'est le Dalaï-Lama.

C'est du vécu!

«J'aime beaucoup les pratiques de danse libre comme la danse des 5 rythmes ou la danse médecine. C'est très joyeux ce lâcher-prise du corps tout en respectant son espace et celui des autres, puisque ce sont des pratiques collectives. Cela fait partie de mon écologie personnelle et relationnelle. Je me fais du bien, je renforce mes appuis, je me libère. Quand je danse avec l'autre, je choisis l'espace que je lui laisse ou que je prends, je partage mon mouvement ou je rentre dans le sien, je sens la cohésion à deux, trois, quatre, ou avec tout un groupe. Il y a de la générosité dans les échanges, de la conscience, de la joie, du respect! C'est très palpitant d'aller au cœur d'un groupe qui danse, l'énergie est très forte et tous les corps se rassemblent en une seule vibration. Je me sens un avec les autres et cette énergie, c'est celle qui est partout, dans la danse et dans toute nature de tout être. Ma conscience en expansion, mes frontières se floutent. Ce serait tellement bien pour l'écologie, si nous étions toujours dans cet état!»

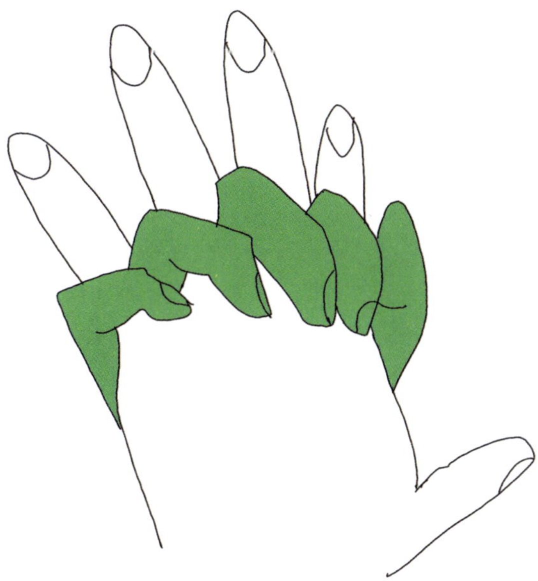

Éco-pratique

Aujourd'hui je vous propose une technique récréative et artistique d'ancrage et de lâcher-prise individuelle et communautaire. Il est possible, par le mouvement, de sentir le couple liberté/responsabilité dans son corps puis d'en percevoir les effets au cours d'une danse consciente et agréable. Procédons par étapes.

La première étape provient de la sophrologie avec mouvement. Les 12 degrés de sophrologie, tels qu'ils ont été inventés par Alfonso Caycedo entre 1960 (pour les degrés 1 à 4) et 1990 (pour les degrés 5 à 12), proposent des pratiques immobiles et d'autres avec mouvement. On appelle ces dernières « les relaxations dynamiques » 1, 2, 3, jusqu'à 12.

PRATIQUE DE LA RELAXATION DYNAMIQUE 1

Nous allons évoquer l'idée d'avoir les pieds sur terre, sur le plan physique et symbolique. Sentir le sol, la force de gravitation. Faire confiance à ses appuis, quels qu'ils soient. Et dans le cas où vous ne pouvez pas être debout, ressentir d'autres appuis comme la base périnéale (tournée vers la Terre) ou son tuteur interne qu'est la colonne vertébrale. Quelle que soit notre position, nous vivre comme un être debout, dans toute notre complétude, en prenant la responsabilité de notre existence pour nous y épanouir.

Nombreuses sont les disciplines et pratiques asiatiques qui se fondent sur l'ancrage et l'équilibre. Tout aussi nombreux sont les sportifs qui se concentrent sur leurs appuis pour réussir. On voit bien, chez le petit humain, que la bipédie est un apprentissage de l'équilibre. Il passe parfois par des chutes et un rééquilibrage ultérieur. N'ayons pas peur d'être en déséquilibre! Cela est nécessaire à toute avancée. Ne faut-il pas que le pied soit en l'air avant qu'il ne se pose? En gardant les deux pieds sur terre, nous n'avançons pas.

- Je vous propose de vous mettre, si vous le pouvez, debout, ou du moins dans la position la plus verticale possible, et de sentir vos appuis, là où c'est possible : peut-être les pieds, les fesses, le périnée, ou l'arrière des jambes si vous êtes contraint ou contrainte d'être allongé(e).

- Fermez les yeux. Respirez. Faites confiance à vos appuis, ancrez-vous dans le présent par la sensation physique de l'ancrage sur votre support ou sur la Terre. Essayez d'être présent ou présente à vous-même et à vos appuis.

- Vous allez garder cette position tout le long de la relaxation dynamique. Si vous ne pouvez pas faire le mouvement proposé, imaginez-le. À tout moment, vous pouvez adapter la proposition à vos possibilités physiques.

- Continuez de sentir vos appuis. Votre ancrage est à la base de tout; c'est ce qui vous permet de tenir votre position. Maintenez ferme le bas de votre corps, donnez-lui de la solidité et de la sécurité, autant que vous le pouvez.

- Si cela est possible pour vous, faites tourner votre bassin en rotation axiale. Il tourne dans un sens puis dans un autre, comme si vous aviez un cerceau autour de la taille.

- Entrez dans un mouvement de marche virtuelle : marchez sur place en levant les pieds. Soyez à l'écoute de vos appuis et de ce que le mouvement implique pour votre corps.

- De nombreuses danses libres ont fleuri au XXe siècle. Peut-être l'avez-vous remarqué ? Certaines, venues des États-Unis, se sont teintées de spiritualité, de développement personnel ou d'énergétique dans les années 1970. C'est le cas de la danse de cinq rythmes de Gabrielle Roth ou de la danse médecine.

PRATIQUE DE DANSE INTUITIVE

- Soyons fun ! Stabilisez le bas du corps par de l'immobilité.

- Tandis que votre base vous assure un bon ancrage, le haut de votre corps va profiter d'un moment totalement libre, dans lequel les gestes viennent naturellement, sans souci du commentaire ni de la chorégraphie.

- Laissez-vous complètement aller à des gestes désordonnés avec légèreté et humour. Jouez dans l'air avec le haut de votre corps comme si vous étiez un enfant, sans répéter les gestes codifiés de la danse ni de la gymnastique.

PRATIQUE DE DANSE CONSCIENTE ET COMMUNAUTAIRE

- Prenez votre temps pour vous laisser suffisamment aller afin que le geste devienne libre de vos commentaires et observations. Pratiquez la danse intuitive pour vous. Vous vivez dans votre corps le couple responsabilité/liberté : responsabilité par la base solide, liberté par le mouvement du haut du corps. Amusez-vous, libérez-vous de tout regard. Vous êtes libre et responsable dans votre corps. Sentez comment peut s'épanouir la base de votre corps dans l'ancrage sans se crisper. Déployez les mouvements du haut. Prenez de l'envergure ! Sentez comment vous pouvez explorer l'air avec vos bras, et mettez également de la souplesse dans votre colonne vertébrale afin de laisser de côté la rigidité du buste et d'obtenir un mouvement du ventre et du thorax. La tête fait aussi partie du mouvement, sans oublier les mains et les doigts.

- Une fois que vous pouvez vous laisser aller aux gestes libres sans vous commenter, vous pourrez vivre cette expérience créative avec qui vous voulez : en couple, avec vos enfants, vos ami(e)s, avec votre communauté d'appartenance ou d'intérêt. Voir l'autre solide et libre est réjouissant et inspirant : l'effet miroir soutient notre engagement dans l'instant présent. Laissez-vous ensuite aller à une danse libre avec le bas de votre corps, seul(e) ou à plusieurs...

Je me sens libre et responsable de moi et des autres.
Je me sens libre de mes choix écologiques et responsable de ce qui me concerne.
La nature est autant en moi qu'à l'extérieur.
Prendre soin de moi c'est prendre soin du monde.
Prendre soin du monde c'est prendre soin de moi.
Baptiste Morizot, pisteur de loup et penseur écologique, écrit à ce sujet : ***«Notre époque, caractérisée par un tournant écologique, n'est pourtant pas comparable à l'"âge écologique" des années 1960 à 1980, avec ses mobilisations contre la bombe atomique, sa prise de conscience du danger des pesticides […] On savait ce qu'était la nature, son statut : un environnement vulnérable. On savait quelle relation devait être instituée : il fallait protéger la nature. […] Le dualisme était maintenu : la nature existait là dehors […] et les frontières étaient relativement claires. […] Mais la donne n'est plus la même, si le mot d'ordre contemporain est plutôt : «Nous ne défendons pas la nature. Nous sommes la nature qui se défend[9].»***

CHAPITRE 7

Centrer ma pensée sur mes modalités de consommation

Ça Minerve

La santé, c'est important, pour tous les citoyens ! Connais-tu sa valeur biologique ? Elle est, selon le créateur de la sophrologie, Alfonso Caycedo, la première des valeurs de l'être humain. Être attentif à sa santé, prendre soin de ses signes de fatigue, respecter ceux des autres (que ça soit au travail ou à la maison, pour partager par exemple la charge mentale des enfants) et les rythmes de sommeil de chacun… Ce sont déjà des façons de vivre ensemble, écologiquement ! On voit beaucoup de salariés s'épuiser, dans des conditions de travail qui ne les respectent pas et dans lesquelles ils ne se respectent pas ! On voit encore des hommes « aider » à la maison… Alors qu'ils n'ont pas à aider l'autre, mais à faire autant que l'autre ! On voit une société qui ne prend pas assez soin des plus précaires ! Les systèmes dysfonctionnent, mais ils sont composés de chacun d'entre nous. À notre échelle, nous pouvons *« take care of each other »*, prendre soin des autres… et cela n'est pas de la seule responsabilité des femmes ! Car la femme n'a pas le gène du *« care »*, contrairement à ce qu'affirment certains « féministes essentialistes », qui pourraient Minerver ! Ils attribuent au féminin la douceur, l'intuition, l'empathie, la connexion aux déesses maternelles… le *« care »* n'est pas très loin… ! Nous pouvons toutes et tous dire « non » à toute forme de domination, de doctrine culturelle ou essentialiste… comme nous pouvons dire « non » à la domination de la consommation à outrance, ou de la malbouffe ! Vive la liberté d'esprit !

Oui à la santé de la planète Terre et de sa biodiversité dont nous faisons partie ! Oui à la santé du climat auquel nous contribuons ! Oui à la santé des arbres et des animaux dont nous sommes et à laquelle nous participons ! Et cette santé passe par ce que nous achetons, consommons, cautionnons par notre pouvoir d'achat. Vos achats sont politiques et de santé publique !

Et pour conclure cette partie sur l'écologie relationnelle : vive les actions de groupe, communauté, famille, association, etc., qui œuvrent pour le vivre ensemble et pour l'écologie… Parfois contre les gouvernements qui ont signé des accords (comme ceux de 2015), et qui ne les respectent pas. Contre les gouvernements qui ne vont pas assez loin dans leur engagement écologique, lors des nombreuses Cop !

« La sobriété, ce n'est pas une option ! » Je suis d'accord avec Greenpeace ; « elle est au cœur de la vision sociale et environnementale pour laquelle nous militons. (…) Et nous ne sommes pas les seuls à le penser. » C'est exact, foi de chouette écologiste ! Si vous n'êtes pas végétarienne ou végétarien, manger seulement de la viande, et si possible blanche, deux fois seulement par semaine (au lieu d'une consommation quotidienne) améliore déjà considérablement votre empreinte carbone par exemple. Un quart des effets de serre est dû à ce que vous mangez. Vous n'avez pas la chance d'avoir des ailes comme moi mais vous pouvez réduire vos déplacements et vos achats de textile. Là encore, l'impact sera considérable. C'est une écologie du quotidien qui s'organise en couple, en famille, en groupe pour prendre des décisions salutaires pour toutes et tous. Action !

C'est du vécu !

« J'habite dans une grande ville, je n'ai pas les moyens de manger bio tous les jours, c'est trop cher pour mon budget. Ce que je peux faire à mon niveau, c'est choisir d'acheter moins et moins cher. De toute façon, c'est assez simple l'écologie : tu diminues toutes tes consommations… et c'est mieux pour tout le monde ! J'ai quelques habitudes à déconstruire. J'ai notamment envie de consommer pour me consoler ou me récompenser. Pour moi, les consommations vertes, c'est du fake. *Le tout, c'est de sortir de nos habitudes très matérialistes, un peu comme on arrêterait de fumer. Nous sommes drogués, depuis tout petit, aux achats et au matériel, par acquisition ou frustration. Quand tu es grand, tu as deux choix : tu joues le jeu du système ou tu ne le joues pas. Pas besoin d'être marginal pour ne pas être dans le système. Je dois me sevrer, je ne suis plus une enfant. »*

Éco-pratique

Aujourd'hui, je vous propose d'adapter une méthode d'accompagnement professionnel venue du Québec, appelée le « codéveloppement ». Elle a été inventée par Adrien Payette et Claude Champagne dans les années 1980. Il s'agit d'une réflexion, menée en groupe, pour progresser écologiquement, ensemble, au sein d'une communauté.

J'attire votre attention sur « les principes du groupe de codéveloppement : [...]

- Échanger avec d'autres sur ses expériences permet des apprentissages impossibles autrement.
- Le praticien en action est une personne unique dans une situation unique.
- La subjectivité de l'acteur est aussi importante que l'objectivité de la situation[10]. »

J'appellerai notre pratique collective « l'écodev ». Votre petit groupe se réunit autour de valeurs d'entraide. Qu'est-ce que l'entraide ? C'est une manière de vivre ensemble, au cœur d'une écologie relationnelle. Elle n'est pas soumise à une rétribution financière. Le but est de vivre mieux, au sein d'une maison commune, dans une famille, une entreprise, une association... sans recherche de profit.

Le codéveloppement est une vraie discipline, qui demande une formation et une certification pour qui l'anime. C'est un outil professionnel qui s'appuie sur l'intelligence collective pour résoudre des problèmes. On peut s'en inspirer pour s'aider à vivre plus écologiquement. Ici, nous ne visons pas la production ni la performance. Évidemment, certains groupes peuvent conserver l'idée d'un « capitalisme vert », autrement dit, de consommer mais mieux, ou de produire de façon plus durable. C'est en cela que tout ce qui est écologique est politique.

PRATIQUE COMMUNAUTAIRE DE L'ÉCODEV

- Exposez à votre petit groupe votre souhait. Voici quelques idées : « Que pouvons-nous faire pour une meilleure écologie numérique dans notre service ? Pour une communication plus fluide en équipe ? Pour une meilleure répartition des tâches, davantage d'entraide à la maison en famille ? Pour une écologie de nos voyages en couple ? Pour une consommation plus respectueuse, à la fois de l'environnement et de notre budget en groupe ? » Vous sollicitez leur aide, leurs idées, leur bonne volonté et leur bienveillance.

- Les participants vérifient la clarté de la demande et réfléchissent à des options, idées et perspectives. Ils peuvent poser des questions pour bien comprendre la situation. « Quand tu dis écologie numérique, de quoi parles-tu ? Une communication plus fluide implique-t-elle une meilleure transmission des informations ? Une répartition des tâches en famille doit-elle être équitable ? Pour nos voyages, s'agit-il de diminuer notre empreinte carbone sur l'année ? Est-ce important pour toi de consommer bio, local, en agriculture raisonnée ? »

- L'étape suivante est un échange, dans lequel tout le monde expose le fruit de sa réflexion et aide aux moyens de cette meilleure écologie intégrale. Tous les participants ont leur mot à dire. Si c'est en famille, les enfants donnent autant leurs idées que les adultes. Aucune évaluation ou comparaison entre les idées apportées. Le mot « bienveillance » est la clef de la réussite de l'échange.

- Récoltez ensuite les idées et réfléchissez à ce que vous voulez en faire concrètement. Vient alors un plan d'action pour les semaines à venir, élaboré avec vos pairs de codev ou seul(e) si c'est le vôtre.

- Clôturez ce temps d'échange et d'entraide par ce que vous avez aimé et appris et ce à quoi vous vous engagez. Les autres font de même. Au prochain codev écolo, un ou une autre émettra à son tour sa problématique ou son souhait pour améliorer l'écologie des relations et de la consommation d'une maison-mère, foyer, entreprise, association…

JE FAIS LE POINT SUR MON ÉCOLOGIE RELATIONNELLE

Nous vous laissons l'espace de la réflexion, de la réponse non binaire, de la liberté de raisonnement… Aucune bonne réponse, aucun bilan de test… Juste quelques questions pour nous inviter, toutes et tous, à « persévérer dans notre être » comme le disait Spinoza.

Es-tu d'accord avec ces affirmations ?

- Je suis conscient(e) de la relation entre ma façon d'être écologique avec moi-même et celle de l'être avec les autres.
- Je suis conscient(e) des polluants relationnels qui sont souvent là dans ma vie.
- Je sais me protéger des relations toxiques. J'essaie de ne pas être toxique pour l'autre, qu'il soit humain ou non.
- J'enseigne à mes enfants, si j'en ai, des pratiques de yoga, de méditation, de sophrologie et de communication pour des relations plus écologiques.
- Je perçois mon énergie et celle de l'autre ou d'un lieu, et les échanges énergétiques.
- Je considère que le vivant doit être respecté dans sa globalité, quelle que soit son espèce.
- L'amour est pour moi la clef essentielle à l'écologie du vivre ensemble.
- Je prends ma part de responsabilité dans les relations que j'entretiens.
- Je peux déconstruire la pensée occidentale courante fondée sur la domestication/protection de la nature.
- Je ne me sens pas supérieur(e) aux autres espèces.
- J'ai conscience de la sensibilité des autres espèces.
- Je crois en l'âme des humains, d'autres animaux ou des arbres.
- J'entretiens un lien conscient avec la terre, les océans et le ciel.
- Je m'engage, même modestement, par des actions concrètes au quotidien.
- Je suis indigné(e) par le manque d'écologie relationnelle des dirigeants dans leur globalité.
- Je mets très haut dans la liste de mes valeurs celles de l'entraide et du partage.
- La nature est pour moi tout ce avec quoi je suis en lien essentiel dans ma vie.

– Je ne regarde pas un paysage, je suis en relation ou en communion avec lui.
– La beauté du monde est pour moi « mystique », que je croie ou non au divin.
– Je crois en l'intelligence émotionnelle de l'être humain pour faire avancer l'écologie.
– Je participe à une intelligence collective (codev, association, famille, couple, groupe de travail, etc.).
– J'ai des relations avec des réalités non visibles qui m'aident et me soutiennent.
– Je demande à ces êtres non visibles un soutien pour ceux que j'aime, les animaux, les arbres, la planète.

Je me relie à ce que je consomme
de façon consciente.

PARTIE 3

Mon écologie du vivant : une écologie universelle

L'écologie universelle nous intègre, nous et toutes nos relations, au vivant, aux éléments, à l'histoire de la Terre et du ciel. « Nous sommes la nature que nous défendons », nous rappelle Baptiste Morizot. L'Univers est à l'intérieur de nous et nous sommes l'Univers.

À l'heure où le système capitaliste fait fi des enjeux écologiques, nombreuses sont les voix qui invoquent un autre mode de vie et de pensée. Nous sommes riches des traditions spirituelles millénaires des peuples premiers, des anciens Polynésiens, du chamanisme au tambour d'Asie, ainsi que des religions « écologiques » (qui sont aussi des philosophies ancestrales) comme le bouddhisme zen et tibétain, le taoïsme et d'autres pratiques spiritualisées énergétiques.

Peut-être l'écologie sera-t-elle spirituelle ou ne sera pas… Je reprends les termes d'Ysé Tardan Masquelier, spécialiste du yoga et de sa diffusion en Occident depuis les années 1960 : « Ma première constatation, c'est que le yoga aujourd'hui en Europe est totalement intégré à notre société, mais il n'a pas tout à fait cessé de faire figure d'exotisme. » C'est le cas aussi de la pensée écologique moderne. Elle implique d'emblée une relation harmonieuse à soi et à tous les êtres de l'Univers, et elle fait encore figure d'exotisme. À nous de faire cohabiter cette écologie avec notre monde occidental, ses religions et son athéisme.

CHAPITRE 1

Respecter la terre, le ciel et les mers

Ça Minerve

Dans beaucoup de traditions dans le monde, à la différence de l'écologie civique et politique occidentale, on ne protège pas son environnement ; on collabore avec lui, car l'écologie est au cœur même de la relation. C'est le cas lorsque l'on célèbre la terre, le ciel et les océans. Dans les croyances incas, la terre divinisée s'appelle la Pachamama. Gaïa, pour les Grecs anciens, était la déesse de la terre et Ouranos le dieu du ciel étoilé. Chez les bouddhistes, on parle de la Terre mère et du Père ciel… Chez les Hindous de Parvati. Certains Occidentaux ont adopté cette spiritualité et célèbrent Gaïa ou la Pachamama, ou prient la Terre mère considérant que la terre, le ciel, les océans et les montagnes sont pourvus d'une âme, comme tout être vivant. On peut avoir une vision plus matérialiste si elle est respectueuse ; mais le risque est que perdure sans fin l'affrontement entre ceux qui protègent la nature et ceux qui la saccagent. Ça Minerve de voir un monde où les activistes écologiques pour la protection des océans, de la terre et du climat sont arrêtés et emprisonnés par ceux qui détruisent ! Ça Minerve de constater la répression en hausse qu'ils subissent (y compris en Europe), de les voir se faire traiter de terroristes… alors que la désobéissance civile est un droit protégé et que la plupart d'entre eux ne sont pas violents ! Ça Minerve qu'au nom de l'économie triomphante, ceux qui luttent contre la chasse aux baleines ou l'agrobusiness brésilien risquent leur vie et soient emprisonnés ! Dans un monde ultralibéral, nous avons besoin des protecteurs de la nature… et la chouette que je suis, au nom du règne animal, les remercie !

Certains et certaines, parmi vous, ont réussi à associer magie de la nature et science, discours matérialiste et poésie de l'émerveillement. Merci Hubert Reeves ! Vous avez rappelé à vos semblables que les atomes que nous avons dans le corps viennent des étoiles. Nous pouvons remercier les étoiles et la Terre, car nos molécules de carbone, d'oxygène, de fer et d'azote proviennent des étoiles et ont été intégrées à la Terre il y a quatre milliards d'années. Je dis nos molécules, car ce sont celles des arbres, des fleurs, des animaux... de tout le monde ! Nous pouvons également remercier l'eau qui recouvre la Terre à 71 % et que nous avons également dans notre corps ! L'air que vous nommez climat est pour moi l'énergie du ciel, sans laquelle nous ne pourrions pas vivre. Même si ce n'est pas dans votre culture de diviniser la nature ou de lui reconnaître une âme, on ne peut que la respecter, car la Terre, vieille de six milliards d'années, avec ses océans, et les étoiles, sont sources du vivant. À l'heure de l'urgence de la préservation, revenons à cette énergie du ciel et à celle de la Terre que nous avons en nous...

C'est du vécu !

Vous pouvez dans cette partie témoigner du vôtre... Quel est votre lien à la terre, aux océans et à l'Univers ? Est-ce un lien spirituel ? De quelle nature ? Vous arrive-t-il de vivre une expansion de votre conscience et une perception unifiée de l'Univers ?

Éco-pratique

Je vous propose aujourd'hui une méditation pour ressentir l'extérieur qui est à l'intérieur, pour ne pas figer votre moi, ne pas le barricader dans une définition illusoire. La méditation (si l'on excepte son adaptation occidentale à des fins de « gestion » de soi et de contrôle de ses émotions) est un peu le contraire du développement personnel. Elle déconstruit et ouvre les frontières du moi. Cette expansion inclut dans la conscience tout le reste. L'ego disparaît au profit d'un « soi » élargi.

Je vais vous parler un peu plus de la non-dualité. On la retrouve dans la méditation, qui provient du bouddhisme, du taoïsme ou du shivaïsme (une branche de l'hindouisme). Ces spiritualités ancestrales asiatiques bouleversent notre perception d'Occidentaux sur ce qu'est le réel. Et c'est parce qu'elles déconstruisent nos habitudes de pensée qu'il est intéressant de les expérimenter.

Dans la non-dualité, je me fonds avec l'Univers. Je suis la nature que je perçois, l'ego se dissout dans une perception plus large et universelle et le moi n'est qu'une construction artificielle. Pour nous les Occidentaux, il y a un sujet (le moi) et un objet de nos perceptions, avec des phénomènes externes à notre moi, dans un cadre spatial et temporel précis. Dans la non-dualité, le sujet disparaît, le moi disparaît, la notion d'objet disparaît elle aussi.

Je ne perçois alors pas la nature comme un phénomène extérieur à mon moi. Je suis la nature, au-delà de mes représentations de celle-ci et de mon ego qui se dissout dans plus vaste que mon moi.

MÉDITATION SPIRITUELLE DE LA NON-DUALITÉ DE LA NATURE

Je suis la terre
Et tout ce qui vit
Je suis les océans
Et tout ce qui vit
Je suis les étoiles
Et tout ce qui vit

MÉDITATION DE LA LUNE

- Vous êtes à présent sous la blanche clarté de la Lune, dans une position verticale, les pieds ancrés dans la terre, le sommet de votre tête s'offrant au ciel.

- Imaginez que la Lune entre en vous par un point situé tout au milieu de votre tête. Elle continue son chemin et vient se loger au centre de votre crâne, au niveau du point entre vos deux sourcils. Elle glisse ensuite tranquillement vers votre gorge.

- Elle atteint ensuite votre plexus. Sentez sa présence apaisante dans votre poitrine. Elle continue sa descente en laissant derrière elle un faisceau luminescent d'une blancheur extraordinaire. Elle atteint le creux de votre nombril. Vous la laissez imprégner de chaleur et de douceur votre ventre.

- Enfin, elle finit au fond de votre bassin tapissé par un lac. Voyez comme elle se reflète dans ce lac paisible et calme.

- Voyez comme toutes les étoiles et la Lune, toute la voûte stellaire, la Voie lactée au-dessus de votre tête se reflètent dans les eaux profondes de votre corps en passant à travers le point au centre de votre crâne. Observez tous ces points dorés qui miroitent à la surface de l'eau avec en leur centre la Lune qui se reflète en un magnifique œuf d'or.

- Vous possédez en vous ce magnifique paysage cosmique, entouré de somptueux jardins en terrasse et de rangées de lumières électriques.

- Goûtez la quiétude de ce tableau dès que vous en avez envie.

Je vis la terre, le ciel et les mers comme sources du vivant. Je suis la terre, le ciel et les mers. J'écoute l'enseignement de la terre et du vivant avec humilité. Robin Wall Kimmerer, professeure de biologie environnementale et directrice du Center for Native Peoples and the Environment à New York, écrit : **«*La pensée occidentale place l'être humain – l'enfant chéri de la création – au sommet de l'immense pyramide de l'évolution, et les plantes, en bas. Pourtant, dans la culture amérindienne, on parle souvent des hommes comme des "benjamins de la Création" : ils n'ont pas l'expérience de la vie, ils ont beaucoup à apprendre. Nous devons nous tourner vers les plantes, nos enseignantes et nos guides. Leur sagesse se révèle dans leurs modes de vie. Elles sont sur Terre depuis plus longtemps que nous et ont eu le temps de comprendre. Elles vivent sur Terre, sous terre, unissant ainsi le monde du Ciel à celui de la Terre. Elles savent fabriquer des aliments et des remèdes à partir de la lumière et de l'eau et elles nous en font don*[11].»**

CHAPITRE 2

Célébrer la beauté du monde

Ça Minerve

Si nous continuons de penser l'écologie avec notre tête, nos analyses, nos statistiques, nos rapports, ça va vite Minerver ! Comment vivre l'écologie sans l'incarner, sans goûter la merveille du monde ? L'écologie universelle, c'est l'accès à la beauté du monde, celle que nous célébrons par nos sens et notre reconnaissance, notre envie de vivre, notre lien aux éléments qui nous entourent, notre souffle de vie commun, qu'il soit divin pour certains ou non pour d'autres... Qui n'est pas en osmose avec les chênes verts d'une promenade en forêt ? Avec le soleil doré du soir sur la mer ? Avec la rivière qui chante entre les pierres en montagne ? Avec la pluie d'étoiles filantes d'un mois d'août ? C'est aussi merveilleux qu'un allegro au violoncelle ! Qu'une envolée de flûte traversière suivie des notes en cascade d'un piano ! Que la danse des dauphins sauvages ! Ça me rend poétesse toute cette beauté ! C'est participer au monde que d'être enchanté(e) de le connaître ou de le reconnaître dans sa beauté. Et c'est avec notre corps que nous vivons tout cela. La célébration passe par notre véhicule ! Eh oui, n'en déplaise aux cyniques, le lyrisme et le sensuel, cela fait du bien. Et pas besoin de culte de la nature divinisée pour adhérer à cette célébration.

Si l'on croit au divin, aux forces de la nature (comme dans les cultures animistes ou les philosophies panthéistes), les relations sont quotidiennes avec moi, les autres animaux, les plantes, l'air, le ciel, etc. Sans doute est-ce aussi pour cela que le néo-chamanisme ou la redécouverte de Spinoza se prête à ce réenchantement du monde par les Occidentaux.

Excusez-moi, mais vous, les humains, dans l'ensemble, vous n'avez pas beaucoup appris à nouer des relations en dehors de votre espèce... et ça pourrait Minerver.

Heureusement, vous êtes aussi nombreux à vouloir vivre autre chose. J'aime ceux parmi vous qui font des câlins aux arbres ! Qui peuvent rester des heures à attendre l'émerveillement de la rencontre avec un animal « sauvage » ! Qui regardent les étoiles. Et qui gardent le plaisir de vivre contre l'absurdité de ce monde… Vive la poésie et l'enchantement. Vous êtes des résistants !

C'est du vécu !

Venez ici témoigner de votre âme. Sentez-vous une dimension spirituelle en vous ? Comment pouvez-vous décrire la spiritualité qui vous habite si elle existe ? Il est peut-être utile de le rappeler ici : on peut avoir une spiritualité laïque; le spirituel n'est pas égal au religieux. Votre dimension spirituelle soutient-elle votre engagement écologique ? De quelle façon ?

Éco-pratique

Aujourd'hui je vous propose d'organiser une grande fête de célébration, pour fêter la beauté du monde, de la nature, des éléments dont vous faites partie.

C'est une pratique collective, dans laquelle votre équipe (famille, amis, collectif) collabore afin de créer un rituel et de remercier les esprits de la nature, l'âme des êtres vivants, celle de la terre, du ciel, du feu, de l'eau. Dans la tradition chamanique, les pratiques communautaires sont très importantes. Elles se partagent avec les esprits, les animaux alliés, les guides, les gardiens des directions (nord, sud, est, ouest), les esprits de la nature, de la réalité ordinaire et de celle qui ne l'est pas.

Michael Harner est l'une des figures majeures du chamanisme, depuis que cette pratique est revenue en Occident. Dans les années 1960, il fut le premier d'un certain nombre d'anthropologues qui vécurent avec des chamanes pour faire connaître leur univers. C'était alors très novateur. Après beaucoup de voyages et de pratiques, il a créé avec sa femme l'organisation internationale The Foundation for Shamanic Studies (qui existe encore), afin de transmettre les techniques de chamanisme et de constituer un véritable conservatoire du savoir chamanique. Michael Harner est une sommité dans son domaine, controversée, certes, mais aussi très populaire. Le chamanisme fait partie de toutes les cultures, notamment de la culture occidentale qui l'avait initialement renié. Michael Harner l'a réhabilité. Il est décédé en 2018 mais son travail de protection et de valorisation de tous ces savoirs perdure.

PRATIQUE CHAMANIQUE

En chamanisme, on remercie et on collabore avec les esprits transcendés et ceux qui font partie de la réalité dans laquelle nous évoluons. La nature, c'est-à-dire nous-même, esprit incarné, et tous les êtres, les minéraux, les éléments font partie du monde du milieu (c'est-à-dire la réalité dans laquelle nous évoluons).

Cette pratique célèbre la beauté de la nature, des esprits humains, animaux, végétaux, minéraux, des éléments du monde du milieu, dans la joie et avec la force que donne la pratique communautaire.

- Choisissez un « espace ressource », dans lequel vous pourrez être en liberté et en sécurité. Il est essentiel que le cadre assure la sécurité du groupe et veille au respect des uns et des autres.

- Créez un moment joyeux et convivial qui soit réjouissant, avec l'intention profonde de remercier la terre, l'air, les animaux, les végétaux, les étoiles… À vous de célébrer la beauté du monde, par la décoration de cet espace, grâce aux éléments naturels que vous récupérerez autour de vous, sans avoir à détruire votre environnement.

- Pourquoi ne pas créer un espace central de célébration avec des pierres, des plumes, des bougies, des cristaux ? Et pourquoi pas un feu ? Chacun peut par exemple donner comme offrande (au feu, ou à l'autel central) quelque chose pour célébrer la beauté et les esprits.

- Choisissez ensuite un moyen d'élever les cœurs et les âmes vers tout ce qui est vivant, par le biais de la musique. Peut-être pouvez-vous jouer du tambour ? Avoir des hochets ? Ils accompagnent les voyages chamaniques. Toute musique, quelle qu'elle soit, permettra aux cœurs de s'unir. Nous pouvons nous inspirer de la très belle danse soufie, dont le nom persan signifie « audition spirituelle », qui permet par le tournoiement d'être en lien par le cœur au divin en soi et autour de soi. Nous pouvons également laisser le son créer un espace de célébration et de joie.

PRATIQUE INDIVIDUELLE ARTISTIQUE DE CÉLÉBRATION

- Je vous propose d'abord de vous connecter à votre âme. Si le terme est, pour vous, trop spiritualiste, connectez-vous à votre cœur, en y posant vos mains.

- Laissez le chant de votre âme s'exprimer.

- Chantez pour la rivière, l'eau, les océans, la mer, l'air, le cosmos, les étoiles, les animaux, les humains, les arbres, les fleurs, la terre, la planète...

- Laissez votre âme s'exprimer par un chant spontané. Certains ou certaines auront peut-être un chant de gratitude. D'autres, un chant de guérison. D'autres encore, plus animistes, se sentiront reliés aux forces ou aux esprits de la nature...

- Pour les plus laïcs ou les plus matérialistes, laissez votre cœur exprimer de la tendresse, de la joie d'être avec ce qui est beau. Chacun trouve sa voie et sa voix vers l'universel.

L

David Abram, grand penseur de l'écologie, écrit : «***Notre corps que nous partageons avec les animaux est ce nexus incroyablement créatif qui nous permet de nous éveiller aux couleurs du monde avec nos yeux, de toucher la texture des choses avec nos mains, de vibrer avec les oreilles, etc. Grâce à lui, je ressens la Terre et les animaux qui la peuplent comme une extension de mon propre corps. C'est en vibrant dans notre corps animal que nous pouvons retrouver cette affectivité rythmique et tonale du langage et nous réaccorder avec le monde plus qu'humain… Au lieu d'écouter le monde, le vent et les montagnes, nous n'écoutons plus rien d'autre que nous-même. Cela met tellement de pression sur les relations… mais si elles étaient davantage imbriquées et nourries par nos engagements interactifs avec le vent et l'air que nous respirons, avec le sol sur lequel nous marchons, les relations humaines seraient beaucoup plus fluides***[12]***.***» J'écoute l'Univers ; je suis une partie de la vie.

CHAPITRE 3

Méditer pour la paix

Ça Minerve

On connaît les ravages que provoquent les conflits armés et leur préparation, ne serait-ce que par l'utilisation de toutes ces énergies fossiles… Ça Minerve qu'on ne tienne pas assez compte de la dévastation qu'ils entraînent aussi pour les arbres, les animaux et pour la terre. Vous parlez de la mort des membres de votre espèce et de la destruction de l'écosystème, sans le personnaliser, comme si on évoquait un simple décor paysager.

Mais certaines initiatives sont fantastiques, comme le regroupement massif de méditants pour la paix mondiale ! Je pense par exemple à celui qui a rassemblé 10 000 personnes pour une méditation transcendantale, en Inde, de fin 2023 à mi-janvier 2024 ; ou à la méditation zen pour « s'asseoir ensemble pour la paix » organisée par la communauté bouddhiste du village des Pruniers. Les prières pour la paix sont pratiquées dans le judaïsme, la religion musulmane, le christianisme… Elles sont au cœur de la spiritualité et de l'éthique de laïcité. Les valeurs laïques du vivre ensemble en démocratie sont elles aussi fondées sur la paix (le respect des droits de l'être humain et celui de toutes les croyances par exemple). Qu'il est difficile pour vous les humains de ne pas vous faire la guerre… Il est heureux que la paix soit pour vous une valeur universelle, politique, sociale, mondiale, car vous œuvrez pour, et appelez à la rescousse les êtres spirituels.

L'écologie personnelle est sans doute l'un des fondements de la paix. Le stress, le mal-être, la frustration et le dépit, l'énergie négative des pensées nourrissent la guerre, à l'intérieur comme à l'extérieur. Tu connais sans doute cette fable amérindienne des deux loups. Un vieux Cherokee raconte à son petit-fils le combat de deux loups, un blanc, un noir, à l'intérieur de tout être humain. Son petit-fils lui demande quel loup gagne et le grand-père répond : « celui que tu nourris ». Le loup de la paix vit en harmonie et dans la justesse de ses actes. Celui de la guerre exprime sa violence et vit dans la peur… La question est pour chacun et chacune : « Quel loup nourrissons-nous ? » C'est une métaphore de notre antagonisme intérieur.

C'est du vécu !

Vous pouvez vous exprimer sur votre incarnation de cette valeur universelle. Quelle est votre façon de faire des vœux de paix et d'amour ? Avez-vous une entité auprès de laquelle faire cette demande ? Est-elle intériorisée ? Comment s'exprime votre écologie spirituelle ?

Éco-pratique

Aujourd'hui, je vous propose la pratique sophrologique très inspirante de la paix intérieure et des vœux de paix.

Après avoir évacué ce qui lui nuit, vous allez vous retrouver tel un bel arc-en-ciel après le passage de la pluie ou de l'orage, avec le cœur ouvert pour l'autre, bienveillant sur tous les plans et dans toutes les dimensions. Cette séance fait beaucoup de bien à la gorge, au cœur et au plexus, qui sont reliés. Vous pourrez ensuite continuer avec l'autohypnose, pour un état très paisible de toute votre nature…

PRATIQUE DES COULEURS, OU PEACE RAINBOW

- Prenez le temps de revenir à vous dans votre pratique. Relâchez votre visage et votre tête avec la conscience de votre visage et de votre tête que vous détendez. Détendez votre thorax, vos bras, vos mains, vos doigts avec la conscience du thorax, des bras, des mains, des doigts que vous relâchez. Détendez le bas du corps, jusqu'au bout des orteils avec la conscience du bas du corps, jusqu'au bout des orteils que vous relâchez. Relâchez le corps tout entier.

- Ensuite, vous allez évacuer les tensions que vous avez accumulées. On commence par la tête : soufflez d'abord par la bouche, inspirez par votre nez. Retenez l'air, ressentez votre visage et votre tête. Puis en soufflant, évacuez vos tensions. Parfait; une deuxième fois : soufflez par la bouche, inspirez, retenez l'air. Ressentez votre visage, votre tête, les tensions, les crispations, puis soufflez par la bouche pour une agréable libération. Détendez votre tête.

- Ressentez votre cou, vos épaules, vos bras, vos mains, vos doigts. Soufflez par votre bouche, inspirez, retenez l'air. Ressentez votre cou, vos épaules, vos bras, vos mains, vos doigts et soufflez bien pour évacuer toutes vos tensions. Une deuxième fois : soufflez par la bouche, inspirez, retenez l'air; à l'expir, vous ressentez l'agréable libération de cette zone.

- Ressentez le thorax, le haut de votre dos, l'intérieur de vos bras, le creux des mains, le bout des doigts. Soufflez par la bouche, inspirez, retenez l'air, ressentez votre thorax, vos bras, vos mains, vos doigts. Soufflez bien pour évacuer. Parfait. Soufflez par la bouche, inspirez, retenez l'air. Ressentez votre thorax, vos bras, vos mains, vos doigts et à l'expir, baillez, détendez-vous.

- Détendez ensuite le ventre. Soufflez par la bouche. Inspirez, retenez l'air, ressentez le ventre, le dos, les tensions, les crispations. Soufflez, évacuez, libérez-vous pour vous relaxer. Une deuxième fois : soufflez par la bouche, inspirez, retenez l'air, ressentez le ventre, le dos, les tensions, les crispations. À l'expir, évacuez pour une agréable libération et relaxation.

- Détendez maintenant le bassin, les jambes et les pieds. Soufflez par la bouche, inspirez, retenez l'air, ressentez le bassin, les jambes, les pieds, les tensions, les crispations. Évacuez ; une deuxième fois, soufflez par la bouche, inspirez, retenez l'air, ressentez la base de votre corps et à l'expir, évacuez les tensions.

- Créez autour de vous une bulle de protection bien agréable. Imaginez-vous dans un cocon, vous êtes entouré(e) de lumière, de confiance, de bien-être. C'est chaleureux, et cela vous englobe, vous enveloppe et vous protège. Vous vous sentez bien à l'abri dans cette bulle de lumière. Tout ce qui peut être désagréable ou nocif est resté à l'extérieur. Tout ce qui pourrait être stressant ou agressant rebondit sur la membrane transparente de votre bulle de protection. La vibration de votre bulle est suffisamment puissante et agréable pour vous protéger de tout ce qui peut être nocif. Vous pouvez revenir à la sensation globale de votre corps ramifié, tel un arbre de vie, tout autour de votre colonne vertébrale.

- Vous venez de renforcer votre confiance. Vous allez maintenant imaginer que le bas de votre corps est d'une belle couleur rouge. Toute la zone de votre pantalon et de vos pieds est rouge ; c'est la couleur de votre ancrage, de votre stabilité.

- Imaginez que la zone de votre bas-ventre est d'une très belle couleur orange. Votre peau, mais aussi les organes à l'intérieur ; tout le bas-ventre est orange, la couleur de votre vitalité, de la sexualité, de l'épanouissement.

- Imaginez sous votre poitrine une bande de lumière d'une belle couleur jaune. Vous êtes relié(e) à votre confiance.

- Imaginez que votre thorax irradie d'une belle couleur verte qui part du cœur. Vous êtes ainsi relié(e) à vos belles valeurs de cœur.

- Imaginez une belle couleur bleue dans votre gorge. Votre thyroïde ressemble un peu à un papillon, d'une agréable couleur bleue. Vous êtes relié(e) à votre paix intérieure et à votre relation paisible à vous-même.

- Enfin, imaginez au niveau de votre tête une couleur violette, un peu comme le violet des améthystes. Vous êtes ainsi relié(e) à vos capacités de conscience, de discernement et de tranquillité d'esprit.

- Vous êtes relié(e) à vos belles capacités d'ancrage, d'appui, de stabilité avec cette couleur rouge dans le bas de votre corps, à vos belles capacités de vitalité et de sexualité heureuse et d'épanouissement avec cette belle couleur orange, à vos capacités de confiance avec la couleur jaune au niveau du plexus, à vos capacités d'émotion, de cœur, d'empathie au niveau de votre thorax avec la belle couleur verte du cœur, à vos capacités de paix intérieure avec ce très beau bleu, et enfin à vos capacités de discernement, de conscience, de calme avec votre belle couleur violette au niveau du cerveau, de la tête et du crâne.

- Vous pouvez avoir confiance et sentir votre harmonie et votre arbre de vie se dessiner, grâce à ce panel de couleurs que vous pouvez contempler. Votre corps forme une harmonie visuelle qui renforce l'harmonie corps-esprit.

- Toujours dans votre bulle de lumière, envoyez des vœux de paix vers ceux que vous aimez, vers vos ancêtres génétiques et spirituels, vers tous ceux à qui vous souhaitez prodiguer un amour bienveillant. Pour les humains et les autres animaux, pour les végétaux, pour la roche mère, pour l'eau des mers et des océans, pour l'air du ciel, pour la planète, et pour l'Univers…
Puissent-ils toujours avoir de la paix…
Puissent-ils tous recouvrer la paix…
Puissent-ils tous vivre en paix…
Puissent-ils tous être en paix.

AUTOHYPNOSE : « PROMENADE AU BORD D'UNE RIVIÈRE »

- Installez-vous confortablement et fermez les yeux.

- Vous êtes bien, de plus en plus détendu(e), conscient(e) de votre corps qui se détend.

- Prenez une grande inspiration, suivie d'une agréable expiration et ressentez l'air qui entre et qui sort de vos poumons à chaque inspir et expir.

- Ressentez les muscles de votre crâne se détendre, ceux de votre visage et de votre front faire de même ; observez vos paupières closes et détendues, votre mâchoire qui se relâche à son tour. Les muscles de votre cou se lissent, puis ceux du haut du dos se relâchent également. Sentez comme tout votre dos se détend. Les épaules, à leur tour, se relâchent, les bras, les mains. Puis votre bas du corps se détend, en commençant par le bassin, puis les cuisses, jusqu'au bout des orteils.

- Tout votre corps est maintenant détendu. Et à chaque respiration, votre détente s'approfondit. Vous vous enfoncez encore plus profondément sur votre assise.

- Vos muscles sont totalement relâchés, votre respiration est calme et vous vous projetez à l'aide de votre imaginaire dans un lieu où tout est agréable, où tout est calme et volupté.

- Vous êtes maintenant au bord d'une rivière, dans ce lieu que vous connaissez bien et que vous aimez particulièrement, peut-être un lieu cher de votre enfance, un paysage de vos vacances ou encore au bord d'une rivière imaginaire, pleine de beauté. Et vous marchez tranquillement sur le chemin qui longe la rivière. Ce chemin qui serpente le long de l'eau, à l'ombre des arbres.

- Ressentez la fraîcheur qui provient de l'eau et qui envahit l'air. Vous ressentez cette fraîcheur sur votre visage, sur vos bras, votre peau, comme la douce rosée du matin.

- Vous pouvez admirer le miroitement de l'eau. À travers cette eau translucide, vous apercevez des cailloux de toutes les couleurs, comme des pierres précieuses dont la couleur est vivifiée par l'éclat du soleil. Turquoise, bleu-gris, vert émeraude…

- Prenez maintenant le temps d'écouter le clapotis de l'eau mêlé au bruit du vent dans les feuilles des arbres, et aux chants des oiseaux.

- Au-dessus de vous, entre les feuilles, ce superbe soleil éblouissant vous réchauffe la peau. Tout autour un grand ciel bleu.

- Le long des berges, voyez ces grands arbres majestueux et ces petits arbrisseaux. Tout un camaïeu de vert, du plus foncé au plus tendre, s'offre à vos yeux. Et cet arbre à papillons juste à côté avec ces longues tiges fleuries de corolles violettes qui remuent au vent.

- Sentez le vent maintenant sur votre peau, votre visage, vos bras. Respirez pleinement pendant que vos yeux continuent d'observer la beauté colorée de la nature.

- Ressentez cette nature sauvage que vous aimez et qui vous fait du bien, par tous vos sens.

- Vous n'avez qu'à écouter, observer puis ressentir cette douce plénitude qui vous envahit, qui vous remplit de paix, de sérénité et de sécurité.

- Le long du chemin, une grande et large pierre s'offre à vous pour que vous puissiez vous reposer. Assis sur cette pierre, vous continuez d'admirer le paysage, de ressentir en vous pleinement cette nature ressourçante.

- Ressentez ces bienfaits au plus profond de votre corps. Ressentez ce bien-être, cette sérénité qui nourrit toutes vos cellules.

- Alors que vous contemplez ce paysage, vous vous laissez captiver par cette sensation de paix profonde. Prenez encore quelques instants pour profiter de ce lieu magique. Tout à l'heure, quand vous ouvrirez les yeux, vous vous souviendrez de la luminosité de ce lieu, des parfums, des bruits, des couleurs, du calme que cette douce rivière vous a apportés.

- Je vais maintenant vous proposer de quitter ce merveilleux paysage. Vous pourrez y revenir quand vous le souhaitez pour vous y détendre encore plus intensément.

- Nous allons compter jusqu'à cinq. À cinq, vous pourrez ouvrir les yeux. Un : vous quittez ce lieu ressource pour mieux le retrouver plus tard. Vous commencez à revenir à vous et à ressentir les points d'appui de votre corps sur l'assise. Deux : vous prenez conscience de votre respiration. Chaque inspiration vous permet de revenir à vous… progressivement… Trois : vous pouvez commencer à bouger vos mains, vos doigts, vos pieds. Quatre : vous prenez conscience de la lumière de la pièce et des bruits qui vous entourent. Cinq : à votre rythme, quand vous le souhaitez, vous pouvez ouvrir les yeux et revenir à vous, ici et maintenant.

Je me vis en paix et j'envoie des vœux de paix à la planète et à l'Univers.
Je vis en communion avec la Terre et le cosmos
Alicia Bay Laurel écrit :

«La pleine lune se lève au moment où le soleil se couche.
La nouvelle lune se lève avec le soleil.
La lune croissante se lève de plus en plus tard dans la journée.
La lune décroissante se lève de plus en plus tard après le coucher du soleil.
Je vois la Lune et la Lune me voit.
Dieu bénisse la Lune et Dieu me bénisse[13].»

CHAPITRE 4

Méditer pour l'amour

Ça Minerve

Ça Minerve une société dans laquelle on fait davantage cas des rôles endossés que de l'amour prodigué ! Les rôles endossés, appelés « persona » chez Jung, ne sont que des masques sociaux. Les métiers des humains ne sont par exemple pas si intéressants que ça du point de vue d'une chouette ! Ce qui est l'est bien davantage, c'est de voir comment, et qui, vous aimez. Comment vous vivez l'amour. Comment l'amour de vous-même vous aide à aimer les autres (et réciproquement !). Et comment l'amour est nécessaire à votre écologie personnelle, relationnelle, spirituelle. Ce qui est encore plus beau, c'est quand vous êtes des êtres lumineux. Vous avez une belle expression pour évoquer cela : « Je laisse parler mon cœur. »

Éco-pratique

Aujourd'hui nous allons évoquer l'écologie spirituelle par l'amour. L'amour et la bienveillance sont à la fois des sentiments et des valeurs, dans de nombreuses philosophies et spiritualités.

Quand nous sommes dans cette énergie du cœur, nous prenons naturellement soin de l'autre. Nous faisons partie d'un cercle d'amour bienveillant dans de nombreuses méditations. L'amour est une énergie spirituelle. Cela signifie que nous nous adressons cet amour, tout en recevant de l'amour et en en donnant aux autres, et à la planète. L'amour peut aussi prendre la forme de la compassion, et s'adapter à la vulnérabilité de chacun.

Notre planète a besoin de recevoir de la lumière, de l'amour et de la compassion.

Le genre humain, avec sa violence et sa douceur, a lui aussi besoin de recevoir lumière, amour et compassion.

J'ai besoin, moi aussi, de recevoir lumière, amour et compassion.

Il n'y a pas de différence entre moi et le monde, le monde et moi. Nous pouvons intégrer l'amour à l'âme, comme l'est aussi le souffle vital. Notre âme, notre être véritable, est amour.

Lorsque nous vivons dans une pratique régulière l'énergie de l'amour, de la compassion, de la solidarité, de l'amitié, de la bienveillance, de l'affection, nous sentons aussi mieux quelles sont nos valeurs et nos aspirations, pour vivre en cohérence avec celles-ci. S'ensuit une amélioration de nos relations à nous-même, aux autres, au monde, au vivant universel.

Nous savons combien le désir de cohabiter avec le vivant peut être porté par un amour universel ! Comme le dit Baptiste Morizot, pisteur de loup et philosophe de l'environnement, « les animaux sont les cohabitants de la Terre avec qui nous partageons une ascendance, l'énigme d'être vivant et la responsabilité de cohabiter décemment ». Il rappelle dans *Manières d'être vivant* comme il est important de considérer toutes les formes de vie actuelles, car elles seront les ancêtres des formes de vie futures. Chaque élément du vivant a son utilité dans le présent, mais fait aussi partie d'une grande évolution.

La biosphère étant indispensable, sans doute l'amour est-il une voie spirituelle de respect écologique de celle-ci. La voie du cœur.

C'est du vécu !

Vous pouvez ici témoigner de vos manifestations d'amour : comment incarnez-vous l'être d'amour que vous êtes ? Quels sont les gestes d'amour qui traduisent votre écologie universelle ?

MÉDITATION DE L'AMOUR

- Ce rituel introspectif s'inspire d'une méditation de l'amour bienveillant et de la compassion bouddhiste ; chacun l'adaptera selon ses croyances et une sémantique qui lui est propre. À partir de cette méditation se dessine une aspiration à l'amour universel, qui peut prendre ensuite forme dans vos actions.

- Prenez une respiration consciente, puis fermez les yeux ou placez votre regard devant vous en gardant les yeux ouverts.

- Mettez vos mains sur votre ventre. Sentez la présence de votre abdomen et respirez profondément. Votre respiration devient l'objet de votre attention.

- Inspirez en gonflant le ventre, sentez l'air irriguer votre corps et libérez-vous des pesanteurs à l'expiration. Laissez filer vos pensées comme des nuages et accueillez vos émotions sans les juger.

- Vous allez maintenant utiliser votre mental pour imaginer que vous tracez une bulle autour de vous. Une bulle de lumière. Prenez le temps de la dessiner jusqu'à ce que vous vous sentiez à l'intérieur de cette bulle. Vous êtes entouré(e) de lumière maintenant.

- Laissez venir à votre conscience les personnes que vous aimez et qui vous aiment. Cette forme d'amour peut être de l'amitié, de la bienveillance, de la considération, de l'affection, de la compassion, de l'amour… Ces personnes peuvent être plus proches ou moins proches, des personnes qui vous ont aimé(e) ou qui vous aiment aujourd'hui ; que vous avez aimées, ou que vous aimez aujourd'hui. Laissez venir leur visage ou leur présence.

- Votre bulle de lumière se remplit d'amour et de bienveillance. Vous êtes dans cette bulle d'amour. Cet amour passe par vous. Prenez le temps de sentir l'amour en vous et autour de vous…

- Élargissez maintenant cette bulle de lumière et d'amour, de bienveillance, de compassion, d'amitié, de considération à tout le genre humain, avec sa beauté et sa violence. Le genre humain, dont vous faites partie, dans toute sa complexité… Élargissez encore votre bulle d'amour et de lumière à toutes les formes du vivant, passées, présentes et futures, à toute la planète, à la Terre et au-delà, à l'Univers, au cosmos, à l'infini.

- Vous vivez cette ouverture de votre cœur à votre façon, avec votre langage intérieur, dans ce qu'il vous est possible de vivre aujourd'hui sans vous juger, dans une expansion de votre bulle de lumière d'amour qui vous appartient et dans laquelle vous êtes toujours sujet et objet.

- Vous envoyez des pensées d'amour et de lumière à vos proches, au monde et à vous-même ! Vous restez le temps que vous voulez en méditation. Quand vous le souhaiterez, vous reviendrez à votre respiration.

Jean Giono écrit : « ***Quand je réfléchis qu'un homme seul, réduit à ses simples ressources physiques et morales, a suffi pour faire surgir du désert ce pays de Canaan, je trouve que, malgré tout, la condition humaine est admirable. Mais, quand je fais le compte de tout ce qu'il a fallu de constance dans la grandeur d'âme et d'acharnement dans la générosité pour obtenir ce résultat, je suis pris d'un immense respect pour ce vieux paysan sans culture qui a su mener à bien cette œuvre digne de Dieu[14].*** » J'ose incarner l'amour. Je suis amour pour la planète et les autres.

CHAPITRE 5

Sentir que l'énergie universelle passe par moi et rayonne

Ça Minerve

Le principal dans l'écologie et la spiritualité est la liberté individuelle. À partir du moment où cela s'apparente à un système de croyances, nous pouvons nous y soustraire ou aller au-delà. Le but est d'aller vers ton écologie personnelle, avec ton âme, ton énergie, sans chercher à l'extérieur ce que serait une vie écologique… Passer par plusieurs expériences, guidances, réflexions, témoignages pour vivre de l'intérieur ton âme et ta lumière ! Et la faire rayonner.

C'est du vécu !

Et vous, êtes-vous sensible à l'énergie que vous envoyez et à celle que vous recevez ? Comment prenez-vous soin de vos liens énergétiques ? Racontez-vous.

Éco-pratique

Aujourd'hui je vous propose de vivre une pratique « énergétique ». Dans notre corps se trouve l'énergie de tout ce qui est vivant. Cette énergie porte, selon les traditions, des noms différents. Elle est plus ou moins considérée comme étant l'œuvre du divin…

Vous allez faire votre propre expérience à partir d'une adaptation du reiki. « Rei » veut dire vrai, et le « ki », c'est l'énergie. On attribue la création de cette technique énergétique d'origine japonaise à maître Usui ; il étudia les textes bouddhistes de guérison par imposition des mains et eut la révélation du pouvoir de cette énergie de lumière que certains appellent « la source », d'autres « Bouddha ». On raconte que dans un état de transe, il vit des symboles qui devinrent les symboles du reiki.

Nous allons partir de cette énergie universelle et l'associer à des pensées de lumière et de joie, en imposant nos mains sur nos différents centres d'énergie. Pratiquons une relaxation pleine d'amour et d'énergie apaisante avec un sentiment d'union à cette énergie universelle.

RELAXATION ÉNERGÉTIQUE

Vous pouvez accompagner cette relaxation d'une musique agréable.

- Prenez une position confortable et commencez, si possible, à vous relaxer au son d'une musique douce. Vos yeux se ferment. Votre corps se détend.

- Posez les mains sur votre sommet coronal. Si cela vous cause des douleurs, vous pouvez ne poser qu'une main, ou mettre l'intention de poser les mains sur le sommet de votre crâne. Laissez ensuite agir le reiki, cette énergie universelle qui passe par vous. Vous la recevez par la paume de vos mains et vers votre tête sans que vous n'ayez rien à faire, car le reiki fonctionne à distance. Vous laissez passer cette transmission d'énergie naturelle. C'est la même que celle des atomes qui vous entourent. Peut-être est-ce pour vous une énergie spirituelle ou une énergie divine. Vous y joignez un envoi de pensées, de lumière et d'amour vers vous.

- Descendez ensuite de la même façon sur le front avec vos mains. Posez vos mains, si possible, entre vos deux sourcils. C'est ce qu'on peut appeler « le troisième œil » ou, si l'on utilise la terminologie des chakras, « l'Ājñā », le centre d'énergie de la connaissance et de l'intuition. Laissez faire la transmission du reiki par vos mains, ou par votre intention si votre corps ne vous permet pas de bouger vos membres supérieurs. Ajoutez à cela l'intention de vous envoyer des pensées de lumière et de joie. Cette technique, simple et précise, se répète sur chaque centre d'énergie. Pour que cela ne soit pas trop long, vous posez une main sur la gorge une autre sur le cœur. Sentez déjà l'apaisement que cela vous procure. Laissez la transmission du reiki se faire par la paume de vos mains vers votre gorge et votre thorax. Adressez-vous des pensées de lumière et de joie.

- Posez ensuite une main sur votre épigastre, au-dessus du nombril, et une autre sur le bas-ventre. Continuez de laisser agir l'énergie universelle qui passe par vos mains et que vous accompagnez de pensées positives de lumière et de joie.

- Occupez-vous enfin de la base périnéale, où se trouve, selon la terminologie des chakras, le chakra racine. Vous pouvez poser vos mains à l'intérieur des cuisses, par exemple. Laissez la transmission de l'énergie universelle se faire dans toute cette zone du chakra racine, accompagnée de pensées de lumière et de joie.

- Avec vos mains, dessinez maintenant une sphère que vous tenez entre vos paumes ou imaginez-la. Dans cette sphère il y a la planète et l'Univers. Adressez le reiki à la planète et à l'Univers, en l'accompagnant de vos pensées de lumière et de joie. Restez un long moment dans cette transmission d'énergie.

- Finissez votre relaxation, les mains sur votre cœur, en ressentant le bonheur d'être le vecteur de cette énergie universelle qui vous parcourt et qui se transmet.

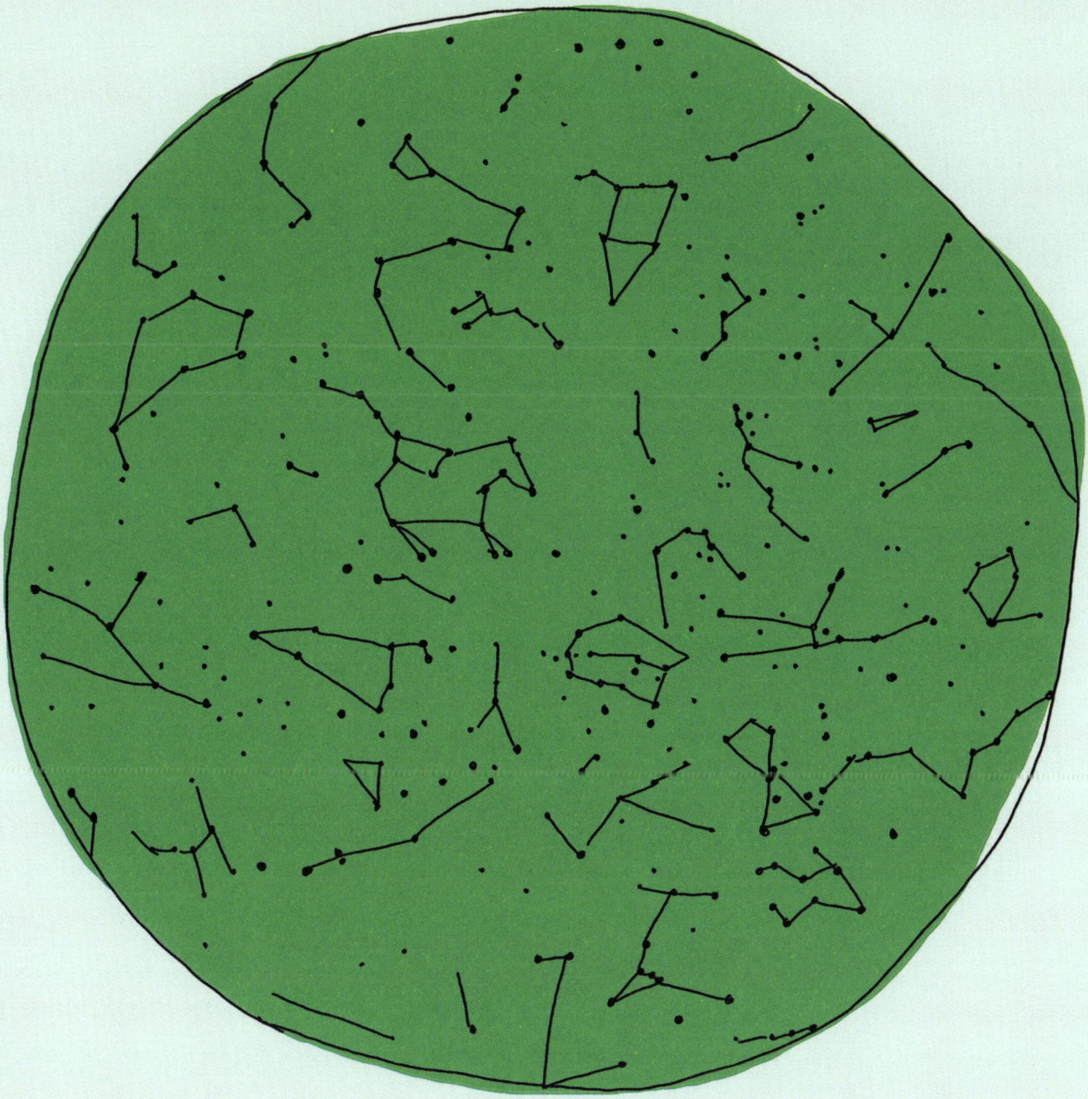

«Rien dans la nature ne vit pour lui-même. Les rivières ne boivent pas leur eau. Les arbres ne mangent pas leurs propres fruits. Le soleil ne brille pas pour lui-même. Le parfum d'une fleur n'est pas pour elle-même. Vivre les uns pour les autres est la loi de la nature.»

Anonyme

J'envoie, par l'énergie universelle, des pensées de lumière, de joie et de vie.

CHAPITRE 6

Me projeter dans une écologie du sensible

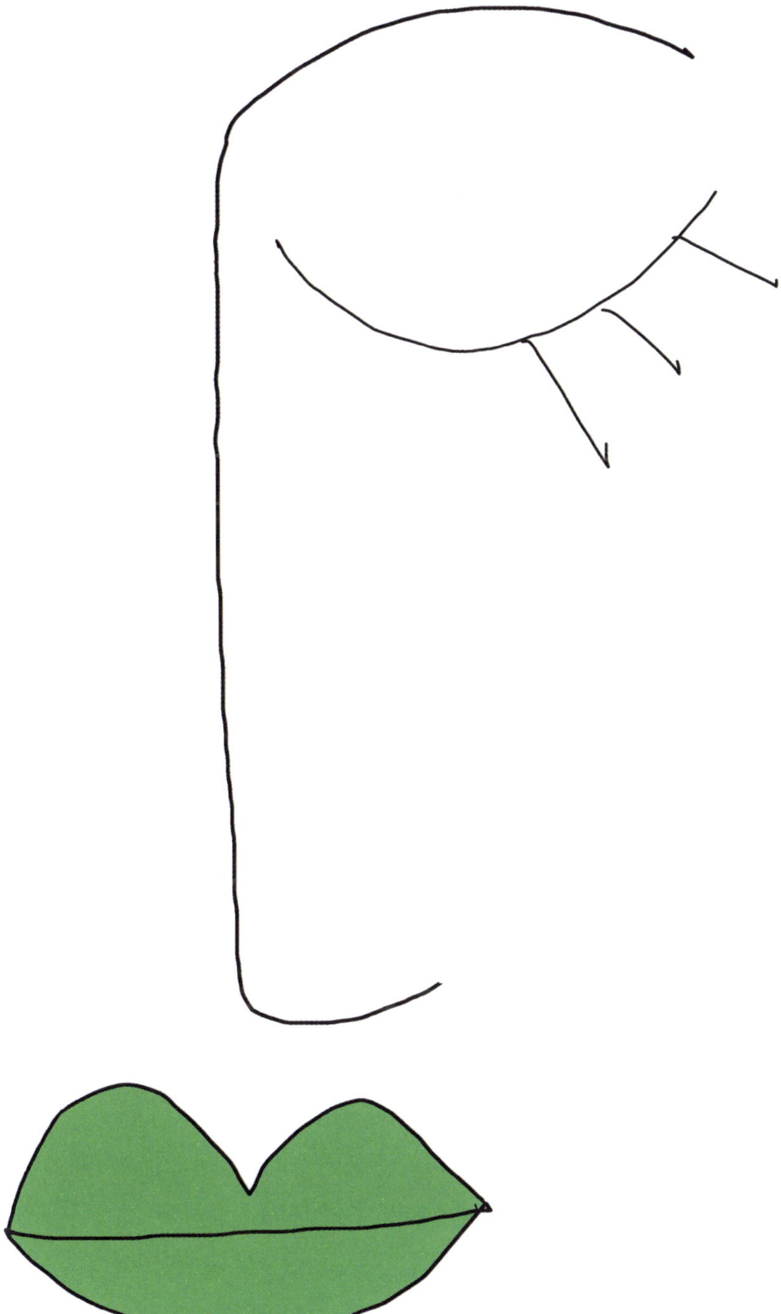

Ça Minerve

Ça Minerve, et ça m'attriste énormément que se perpétuent les massacres de dauphins et de baleines aux îles Féroé, au Japon, en Islande ou en Norvège! Dans ces pays, nombreux sont pourtant les habitants et habitantes shintoïstes (donc relié(e)s aux forces de la nature), ou sensibles à l'écologie (on sait que bien des Scandinaves s'intéressent à la protection de la nature). Ces pays oublient pourtant à tel point la sensibilité de leurs frères et sœurs mammifères marins qu'ils n'ont pas signé, en 1982, la Convention internationale de la chasse à la baleine! Nous ne sommes pourtant plus au premier millénaire après J.-C., à l'époque où a commencé cette abomination qu'est la chasse à la baleine. Nous connaissons mieux les cétacés. Nous comprenons, aujourd'hui, le langage de leur chant! Et nous savons toute la souffrance que ces pratiques engendrent. Il est grand temps pour l'humain de s'immerger dans une écologie du sensible, et de faire un avec tout être vivant.

Les animaux ont des sentiments et une conscience. Moi-même, j'éprouve des émotions. Les plantes elles aussi en éprouvent; elles entendent, réagissent, émettent des sons.

Cette sensibilité est universelle. C'est par elle que nous tous, nous toutes, les êtres vivants, nous réagissons de façon adéquate aux modifications d'un milieu. Les arbres, par leur sensibilité, préviennent les autres d'un danger. Les plantes poussent mieux lorsqu'on leur parle avec amour. La rétine de nos yeux est capable de s'adapter à la luminosité grâce à notre sensibilité.

Éco-pratique

MÉDITATION DU SENSIBLE

Nous allons partir aujourd'hui pour une balade aromatique dans les montagnes de l'Himalaya.

- Laissez à présent votre conscience s'ouvrir, s'élargir, au-delà de vous-même, au-delà des murs de la pièce, de la maison, de la ville, du pays, de la Terre, jusqu'au cosmos. Incluez tendrement dans votre champ de conscience tout ce qui est vivant. Accueillez la sensibilité des plantes qui composent le monde. Accueillez les roches, le ciel, les nuages et les constellations. Maintenant, faites advenir les différentes images que je vous propose.
- Imaginez que vous marchez sur une crête de l'Himalaya. Face à vous, le ciel est bleu, l'horizon vaste. Le soleil lumineux vous chauffe les épaules.
- Vous ressentez la grandeur des lieux. Vous êtes sur le toit du monde… Entendez les bruits du vent et le joyeux chant des oiseaux. À votre droite, des montagnes enneigées à perte de vue. À votre gauche, un village perché dans les montagnes et un chemin qui y mène, bordé de cèdres majestueux qui s'élèvent vers l'infini du ciel.
- Vous le prenez… Sentez l'énergie des arbres séculaires vous envahir, ainsi que cette tranquillité inébranlable… Vous touchez un tronc accueillant et sentez l'arbre vibrer, respirer… Vous respirez au même rythme. À vos pieds, des nards de l'Himalaya, de magnifiques fleurs violettes plantées directement sur de longues tiges, comme un lien direct entre le ciel et la terre. Vous les contemplez.
- Puis arrive le village qui apporte ses fragrances de cannelle, d'encens et de santal. Leurs odeurs mêlées, tantôt sucrées, boisées ou poudrées nous rappellent l'énergie chaude de la terre, ronde et suave. Ressentez cette odeur d'intimité sécurisante.
- Vous fermez les yeux. Vous vous sentez calme. Une sensation d'harmonie et d'ouverture vous envahit, un sourire apparaît sur vos lèvres. Vous êtes en paix.

ART-THÉRAPIE : RECYCLAGE DES ÉLÉMENTS NATURELS

En médiation artistique, la nature peut être utilisée en incorporant des éléments naturels dans des productions artistiques (qu'il s'agisse de collages, de peintures, de modelage, de sculptures) comme des feuilles, des fleurs, des branches, de la terre… Il s'agit ici de créer avec ce que vous offre la nature, en la recyclant et en donnant une seconde vie aux feuilles mortes par exemple.

La nature est une immense source d'inspiration pour la créativité. Elle offre une palette infinie de couleurs, allant des différents verts des arbres et de l'herbe, aux tons plus chauds de la terre et aux couleurs éclatantes des fruits… En elle se dessinent toutes les plus belles formes, et de magnifiques motifs. Observez la complexité et la beauté graphique d'une fleur, d'une feuille, d'un fruit, la beauté des coquillages, les formes poétiques des nuages… La nature fournit une variété de matières : terre, bois, sable, argile… Vous pouvez les utiliser directement.

- À partir d'éléments ramassés dans la nature (feuilles, fleurs, tiges, terre…), faites une composition sur une feuille, un morceau de carton ou dans un cahier. Vous pouvez enrichir cette production de photos prises lors de votre promenade, de dessins. Vous pouvez également compléter par des traits de peinture, de fusain, de crayons de couleur, de pastels… Ajoutez-y des mots, des phrases pour exprimer votre relation avec la nature. Vous pouvez également utiliser des images découpées dans des magazines.

- Laissez-vous guider par votre imagination. Allez-vous créer un paysage? Un animal? Un personnage? Maintenant, prenez quelques instants pour vous poser les questions suivantes : Quelles émotions ai-je ressenties pendant ma création? Qu'est-ce que cela me procure? Quels changements puis-je observer en moi?

Je fais un avec tout ce qui vit. J'accueille notre sensibilité commune comme un lien fort.

CHAPITRE 7

Méditation finale sur l'écologie spirituelle

Ça Minerve

À chacune ou chacun sa spiritualité et sa façon de sentir son âme ou son cœur ! On dit bien : « Agir en son âme et conscience. » Ça pourrait être ça, être écolo ? Agir en son âme et conscience ? On parle souvent de l'âme pour qualifier l'essence d'un pays ou d'un peuple… Je me méfie de ce qui peut réduire par les mots ce qui est plus grand que le mot lui-même. L'âme, c'est peut-être aussi ce qui reste après la mort, qui se réincarne dans plusieurs vies. Ou peut-être ça n'existe pas : ce qui existe, c'est le cœur dans cette vie-ci. L'essentiel, lectrice, lecteur, est que tu sentes ce qui est juste pour toi : les causes qui sont justes, les êtres qui sont justes, les lieux qui sont justes… et personne, ni aucune instance extérieure, n'a à te dicter ta conduite. Il faudra bien un jour que l'écologie dépasse le stade de la morale !

Éco-pratique

Aujourd'hui je vous propose une méditation inspirée de la sophrologie. L'un des degrés de cette discipline s'occupe du ressenti de l'âme ou du cœur.

Vous allez vous connecter par le cœur ou l'âme à vous-même, en vous laissant le temps de vibrer avec vous-même et l'âme de ce qui existe. Dans cette vibration, vous allez vous offrir le temps de cultiver des liens au vivant, aux saisons, et d'embrasser notre planète.

MÉDITATION DE L'ÂME

- Installez-vous confortablement pour notre méditation. Nous allons cheminer vers cette partie essentielle de nous-même, cette très belle partie de nous-même qu'est notre âme, notre cœur ou notre lumière intérieure. Nous allons la faire résonner, chanter, vivre. Nous allons passer pour cela par la présence énergétique du son, mais de façon intérieure.

- Le son « oooooo » propose déjà de sentir tout l'espace de votre thorax, de votre région cœur. Lorsque nous prononçons un son intérieur, cela veut dire que l'on ne nous entend pas. Diffusez le son « ooooooo » dans votre thorax, et laissez-le s'épanouir. Donnez-vous le temps de stimuler l'énergie de votre conscience dans tous les tissus de cette région cœur, par ce son intérieur... Puis l'énergie de votre cœur dans tous les tissus de cette région cœur... En enfin, toute l'énergie de vos bonnes cellules dans tous les tissus de cette région...

- Continuez avec ce son, de façon qu'il prenne toute l'amplitude nécessaire à ce troisième espace de votre corps.

- Vous pouvez aussi chanter ce son voyelle, si vous le souhaitez, de façon intérieure (vous prononcez mentalement le son, et la vibration interne apporte de la paix et de la concentration). Peut-être peut-il cesser à l'intérieur de votre thorax mais continuer de faire vibrer cette région cœur de façon très forte.

- En étant connecté(e) à cette partie de votre corps, vous êtes connecté(e) à votre cœur et donc à cette partie émotionnelle de vous-même. Vous l'accueillez telle qu'elle est, sans chercher à la modifier.

- Vous laissez vivre vos émotions en paix. En allant un petit peu plus profondément dans cette région, peut-être pouvez-vous vous connecter maintenant à votre âme, à cette part essentielle de vous-même.

- Peut-être pouvez-vous sentir cette présence spirituelle de votre être dans cette région cœur, et laisser venir les images, les connexions, des représentations de cette partie spirituelle de votre être. Il peut s'agir de connexions à votre propre spiritualité ou de visualisations. Laissez-vous complètement guider et inspirer par la présence de votre âme...

- Vous vivez votre âme, ici et maintenant, dans les phénomènes, les visualisations, les connexions et le lien entre vous (à l'intérieur) et plus grand que vous (à l'extérieur). Et ce, grâce à l'énergie, à quelque chose de divin grâce à vos valeurs ; grâce à tout ce qui vous inspire.

- Peut-être êtes-vous relié(e) à des êtres spirituels, au cosmos... En étant relié(e) à la présence de votre âme, vous êtes relié(e) à tout ce qui est invisible à l'intérieur et à l'extérieur, relié(e) à la beauté du monde, à l'essence même du vivant. Cela provient du cœur de vos cellules, de votre vivant lui-même, à tout ce qui est à l'extérieur de bon de vivant et qui a pour vous une âme.

- Prenez le temps de vous connecter comme ça d'âme à âme. Vous êtes dans une forme méditative, vous incarnez votre dimension spirituelle et vous êtes relié(e) à votre âme, à la présence de l'âme à l'intérieur de vous et à l'extérieur de vous. Vous laissez s'épanouir ce moment méditatif.

PRATIQUE CHAMANIQUE DU DON À LA NATURE

Cette pratique est celle d'un cadeau, d'âme à âme, fait avec cœur pour le vivant, la planète, l'océan, l'air, les étoiles, la mer, la roche, la terre, la montagne... Cette pratique est artisanale et artistique. Avec votre âme, vous composez quelque chose de beau, qui a de l'âme, dans lequel vous mettez de l'âme à l'ouvrage.

Il s'agit d'un remerciement. Dans la tradition chamanique, vous remerciez l'esprit de la montagne, de la terre, du ciel, du feu, des arbres, des nuages, des plantes, des animaux... Chaque animal, chaque plante est un esprit.

Cela peut être celui d'une montagne que vous admirez, de l'ancien volcan dans lequel votre village s'est installé, de la mer dans laquelle vous vous êtes baigné(e) tout l'été, de la terre dans laquelle poussent vos arbres et vos enfants, d'un arbre qui sert de lieu de recueillement funéraire, des étoiles filantes qui exaucent vos vœux... Vous donnez ce cadeau à cet esprit en guise de remerciement.

PRATIQUE ARTISTIQUE DU CŒUR

Si vous n'êtes pas dans une spiritualité animiste, votre cadeau remercie le vivant avec lequel vous vivez, évoluez. C'est un cadeau de reconnaissance. Votre œuvre (une maison, une peinture, une sculpture, un stupa, un dessin, etc.) est donnée avec le cœur, avec l'âme en cadeau à la nature si vivante. Elle est parfois impressionnante avec sa force océanique ou tellurique, parfois douce et apaisante comme une mer étale et une brise d'été, toujours belle et multiple. En reconnaissance pour ce qu'elle vous a apporté.

JE FAIS LE POINT SUR MON ÉCOLOGIE SPIRITUELLE ET UNIVERSELLE

Peut-être est-ce le bon moment pour écrire votre témoignage et faire le point sur votre écologie universelle ? Nous vous laissons l'espace de la réflexion, de la réponse non binaire, de la liberté de raisonnement ou non... Aucune bonne réponse, aucun bilan de test... Juste quelques questions pour nous inviter tous à « persévérer dans notre être », comme le disait Spinoza...

- *Mon écologie est-elle aussi philosophie ou spiritualité ? Ma pensée, philosophie ou spiritualité écologique, dépasse-t-elle le concept ? Se pratique-t-elle dans mon corps et passe-t-elle par ce que je vis présentement sur terre ?*
- *Suis-je relié(e) à ma façon à la Terre, aux forces de la nature, aux étoiles et à l'Univers ?*
- *Est-ce que je regarde la beauté de tout cela avec le regard du poète ou de la poétesse, même si je suis scientifique ? Je ressens une énergie universelle, est-elle pour moi seulement celle des atomes ou celles de atomes et d'une force sacrée ?*

Ma spiritualité existe : qu'elle soit inscrite dans une croyance religieuse, dans le syncrétisme de croyances ou qu'elle soit laïque, y a-t-il pour moi une transcendance, un plus grand que moi, un quelque chose qui nous relie toutes et tous ?
Puis-je souscrire aux affirmations suivantes ?

- *Par mes pratiques, je me guéris et m'apaise et envoie une énergie de guérison ou de paix à la Terre.*
- *Je perds des couches d'ego au fur et à mesure de mon chemin spirituel, pour une meilleure écologie relationnelle.*
- *Mon écologie universelle passe par l'entretien de la joie et de l'amour, à la fois comme valeurs, moyens de résistance, émotions, sentiments, intentions.*
- *Mon écologie universelle me demande de déconstruire ma logique écologique d'Occidental(e) dans laquelle l'Univers tourne autour de l'être humain.*
- *Ma liberté spirituelle s'acquiert au-delà des engouements actuels pour la méditation, le yoga, le chamanisme, l'ayurvéda, etc.*
- *Je ressens dans ma chair, mon cœur et mon esprit l'interdépendance de tous les êtres avec la terre, les océans et le climat.*
- *Ma conscience écologique passe par mon âme. Mes actions écologiques passent par mon âme.*
- *J'ai envie de célébrer tout ce qui est animé d'une belle force vitale en communauté (groupe, famille, praticiens, communauté, amis).*
- *Je remercie mes alliés, quels qu'ils soient, visibles ou non, humains ou non, pour leur présence, leur amour, leur soutien et cela fait partie de mon écologie spirituelle.*

Je vis la présence de mon âme et celle de l'autre dans l'essence du vivant. J'offre un cadeau au vivant dans un échange spirituel d'âme à âme. Kathleen Dean Moore écrivait : ***« Nos ancêtres parlaient aux orages avec des mots magiques, leur adressaient des prières, dansaient pour eux jusqu'à toucher le seuil même de ce qui est autre, puissant […]. Nous ne savons plus danser, certes, mais quelque chose nous pousse encore à éprouver l'Univers en sa toute-puissance […][15]. »***

ÉCOLOGIE UNIVERSELLE
l'humilité face à ce que les plantes et les animaux ont à nous apprendre
notre corps et nos sens en connexion avec les autres corps
la célébration de la beauté du monde et de l'univers
méditer pour l'amour et la paix
la déconstruction de la pensée occidentale de l'humain supérieur

UNE ÉCOLOGIE INTÉGRALE
=
UNE ÉCOLOGIE SPIRITUELLE

implique l'âme avec le cœur

philosophique

pratique

pensée

croyance

laïque

avec le divin ou l'amour en soi

INCARNÉE

personnelle

avec l'esprit et le corps

libre

matérielle

créative

concrète

relationnelle

dans le lien à l'autre

connexion au vivant

responsabilité

contact sensoriel

universelle

pour les valeurs de paix
et d'amour

célébration
du monde

humilité

déconstruction
de la suprématie
de l'humain

Bibliographie

Essais

- Aurélien Barrau, *Le Plus Grand Défi de l'histoire de l'humanité. Face à la catastrophe écologique et sociale*, Michel Lafon, 2019.
- Susan Bauer-Wu, *Agir pour le climat. Le Dalaï-Lama & Greta Thunberg*, J'ai lu, 2024.
- Zineb Fashi, *Le Yoga, nouvel esprit du capitalisme*, Textuel, 2023.
- Baptiste Morizot, *Manières d'être vivant. Enquêtes sur la vie à travers nous*, Actes Sud, 2020.
- Baptiste Morizot, *L'Inexploré*, Wildproject, 2023.
- Ysé Tardian Masquelier, *L'Esprit du yoga*, Albin Michel, 2014.
- Sandra Ingerman, *Médecine pour la Terre. La pratique chamanique pour guérir l'Homme et retrouver notre lien avec la nature*, Véga éditions, 2020.
- Thich Nhat Hanh, *Nous sommes la Terre. L'humain au cœur de l'écologie*, Robert Laffont, 2021.
- Vandana Shiva, *1 %. Reprendre le pouvoir face à la toute-puissance des riches*, Rue de l'échiquier, 2019.
- Diethard Stelzl, *Ho'oponopono. Guérir avec amour. La Méthode hawaïenne pour gérer les conflits et vivre en harmonie*, Contre-dires, 2013.
- Jacques Tassin, *Pour une écologie du sensible*, Odile Jacob, 2020.
- Robin Wall Kimmerer, *Tresser les herbes sacrées. Sagesse ancestrale, science et enseignements des plantes*, Le lotus et l'éléphant, 2021.

Nouvelles

- Kathleen Dean Moore, *Petit Traité de la philosophie naturelle*, Gallmeister, 2006.

BD et romans graphiques

- Aurore Chapon et Jeanne Burgart Goutal, *Yoga shalala*, Tana, 2024.
- Anne Defréville, *Mémoires d'un cétacé. Biologie, écologie et conservation*, Delcourt, 2023.
- Anne-Laure Mahé et Pascale Marbot, *Les aventures de Lucy Goodfellow*, Marabout, 2018.
- Anne-Laure Mahé et Pascale Marbot, *Je m'éveille à la sophrologie*, Hugo, 2021.
- Peter Wohlleben, Fred Bernard, Benjamin Flao, *La Vie secrète des arbres*, Les Arènes, 2023.

Livres pratiques

- Alicia Bay Laurel, *Vivre sur la terre*, Ulmer, 2022.
- Anne-Laure Mahé, *On ramène le calme à la maison*, Eyrolles, 2018.

Ressources numériques

- Podcast de France Inter : «On se décarbone» : https://www.radiofrance.fr/franceinter/podcasts/on-s-decarbonne
- Les ateliers de www.2tonnes.org

Notes de fin

1 Thich Nhat Hanh, *Nous sommes la Terre. L'Humain au cœur de l'écologie*, Robert Laffont, 2021.
2 Sandra Ingerman, *Médecine pour la Terre. La Pratique chamanique pour guérir l'Homme et retrouver notre lien avec la nature*, Véga éditions, 2020.
3 Aurélien Barrau, *Le Plus Grand Défi de l'histoire de l'humanité. Face à la catastrophe écologique et sociale*, Michel Lafon, 2019.
4 Carole Sédillot, *Jeu et Enjeu de la psyché. Psychologie jungienne, alchimie, et usage du tarot*, Dervy, 2011.
5 Alicia Bay Laurel, *Vivre sur la Terre*, Ulmer, 2022.
6 Baptiste Morizot, *Manières d'être vivant. Enquêtes sur la vie à travers nous*, Actes Sud, 2020.
7 Vandana Shiva, *1 %. Reprendre le pouvoir face à la toute-puissance des riches*, Rue de l'échiquier, 2019.
8 Jacques Tassin, *Pour une écologie du sensible*, Odile Jacob, 2020.
9 Baptiste Morizot, *L'Inexploré*, Wildproject, 2023.
10 Trois des principes du groupe de codéveloppement, cités par Adrien Payette et Claude Champagne, dans Le Groupe de codéveloppement professionnel, Presses de l'Université du Québec, 1997.
11 Robin Wall Kimmerer, *Tresser les herbes sacrées. Sagesse ancestrale, science et enseignements des plantes*, Le lotus et l'éléphant, 2021.
12 David Abram, *Philosophie Magazine*, juillet-août 2024.
13 Alicia Bay Laurel, *Vivre sur la Terre, op. cit.*
14 Jean Giono, *L'Homme qui plantait des arbres*, Gallimard, 1983.
15 Kathleen Dean Moore, *Petit traité de philosophie naturelle*, Gallmeister, 2006.

Tana S'ENGAGE
TANA est un éditeur qui s'engage pour la préservation de l'environnement et qui utilise du papier issu de forêts gérées durablement.

Ce livre a été imprimé en France par un imprimeur certifié Imprim'Vert® avec des encres végétales. La couverture ne comprend pas de pelliculage contenant du plastique.

Direction éditoriale : Olivia Recasens
Illustrations : Pascale Marbot
Conseil littéraire : Stéphanie Honoré
Mise en pages : Nord Compo
Fabrication : Camille Friquet

92, avenue de France
75013 Paris
tanaeditions@gmail.com
01 44 16 09 00

ISBN : 979-10-301-0582-7
Code produit : W10582/01
Dépôt légal : juin 2025
Imprimé en France par Pollina en mai 2025

Rejoignez-nous sur : www.tana.fr